MOTS MÊLÉS Enfants

7 à 10 ans

100 Grilles | 1 Grille par Page

Gros Caractères avec Solutions

S'AMUSER ET JOUER AVEC LES MOTS

DES HEURES DE JEUX EN PERSPECTIVE

COMMENT JOUER ?

Les mots mêlés sont un jeu qui consiste à trouver une liste de mots dans une grille remplie de lettres. Retrouvez tous les mots de la liste dans la grille. Ils y sont mêlés horizontalement, verticalement. Ils peuvent s'entrecouper et une même lettre peut faire partie de plusieurs mots de la grille.

PUZZLE # 01

M	T	M	H	W	I	J	G	P	J
D	Z	A	C	C	O	U	T	R	E
E	B	C	H	O	L	É	R	A	S
X	K	A	D	M	E	T	T	R	A
Y	P	E	R	M	U	T	E	Z	O
M	E	P	E	U	R	E	U	S	E
T	U	S	Y	N	D	R	O	M	E
J	D	É	P	I	Q	U	É	E	W
P	R	É	S	E	R	V	A	Q	P
M	E	U	F	M	T	H	L	U	A

ACCOUTRE
ADMETTRA
CHOLÉRAS
COMMUNIE
DÉPIQUÉE
PERMUTEZ
PEUREUSE
PRÉSERVA
SYNDROME

PUZZLE # 02

Q	R	É	P	U	D	I	E	R	E
A	X	D	É	R	É	G	L	A	I
D	E	N	T	Ô	L	A	N	T	F
É	U	A	R	G	I	L	A	C	É
P	G	P	I	S	S	Â	M	E	S
R	É	A	L	I	S	Â	T	H	T
Î	K	P	A	L	A	N	C	R	A
T	I	N	P	Y	S	B	V	E	P
E	N	G	I	U	H	E	Q	H	I
S	E	G	C	M	T	O	A	O	T

ARGILACÉ DÉLISSAS DÉPRÎTES
DÉRÉGLAI ENTÔLANT PALANCRA
PISSÂMES RÉALISÂT RÉPUDIER

PUZZLE # 03

E	L	A	R	G	E	U	R	S	T
N	A	X	Y	W	N	Z	J	R	O
C	Z	P	G	Z	T	C	V	E	U
H	O	C	H	E	R	A	I	D	R
É	F	D	B	Y	A	E	O	I	B
R	Y	I	O	K	I	O	L	R	I
I	B	Q	X	N	D	Z	O	I	E
E	A	I	I	P	E	U	N	E	R
N	M	U	S	A	R	D	E	Z	Q
B	A	T	T	E	U	R	S	Z	Q

BATTEURS	ENCHÉRIE	ENTRAIDE
HOCHERAI	LARGEURS	MUSARDEZ
REDIRIEZ	TOURBIER	VIOLONES

PUZZLE # 04

Y	Q	K	C	D	R	A	W	Y	A
É	C	H	A	U	M	E	S	X	D
G	K	R	E	V	E	R	S	Â	T
R	J	P	N	P	Y	O	L	C	T
U	H	M	A	C	Q	U	O	N	S
G	C	O	N	D	U	I	R	A	N
E	P	A	U	M	E	R	E	Z	Y
N	C	R	L	B	O	O	A	E	Y
T	R	I	P	L	E	N	T	D	R
D	C	H	I	M	A	T	I	O	N

CONDUIRA ÉCHAUMES ÉGRUGENT
HIMATION MACQUONS PAUMEREZ
REVERSÂT ROUIRONT TRIPLENT

PUZZLE # 05

X	H	L	M	V	P	H	U	S	L
G	S	E	N	S	E	I	G	N	É
Q	T	U	E	R	L	O	U	P	G
F	É	C	H	A	U	M	E	R	I
V	U	M	M	O	I	K	R	O	S
Y	B	R	Û	L	A	G	E	S	T
N	L	T	W	U	W	K	P	P	E
S	B	P	R	É	F	A	C	É	S
T	E	B	R	O	S	S	E	R	A
K	I	É	C	O	N	O	M	A	T

BROSSERA BRÛLAGES ÉCHAUMER
ÉCONOMAT ENSEIGNÉ LÉGISTES
PRÉFACÉS PROSPÉRA TUE-LOUP

PUZZLE # 06

A	A	S	É	D	T	D	E	É	C
Z	A	O	P	É	C	Y	X	C	H
M	M	Û	A	L	A	S	M	O	P
H	E	L	M	I	L	U	E	S	O
A	H	A	P	C	M	P	M	S	M
Q	D	R	R	A	I	P	B	O	M
T	P	D	É	T	O	U	R	N	A
R	V	S	S	S	N	R	U	S	S
F	W	A	O	Q	S	E	R	D	S
R	J	E	J	H	J	S	E	M	E

CALMIONS	DÉLICATS	DÉTOURNA
ÉCOSSONS	ÉPAMPRÉS	MEMBRURE
POMMASSE	SOÛLARDS	SUPPURES

PUZZLE # 07

E	Q	B	K	K	R	K	R	V	R
I	U	A	F	F	É	A	G	É	E
F	E	N	S	A	C	H	É	S	C
U	U	S	L	B	W	Y	W	P	U
M	T	O	U	R	I	E	R	S	L
I	C	I	X	È	H	S	Y	A	E
V	T	B	W	G	Q	X	Q	H	N
O	B	F	R	E	T	T	A	N	T
R	U	M	I	N	A	I	T	F	G
E	M	U	L	T	I	P	L	E	B

ABRÈGENT	AFFÉAGÉE	ENSACHÉS
FRETTANT	FUMIVORE	MULTIPLE
RECULENT	RUMINAIT	TOURIERS

PUZZLE # 08

P	Z	P	A	E	E	I	Q	A	H
P	O	J	V	X	D	E	V	C	R
P	X	A	R	C	H	I	P	E	L
A	H	P	E	L	U	C	H	A	I
H	K	É	P	I	P	L	O	O	N
R	S	A	N	É	M	I	E	N	T
W	Q	P	L	A	N	Q	U	É	E
M	A	S	U	Ç	O	T	E	R	A
I	K	D	E	S	C	E	N	D	U
O	H	P	I	E	R	R	E	U	X

ANÉMIENT
ARCHIPEL
DESCENDU
ÉPIPLOON
LINTEAUX
PELUCHAI
PIERREUX
PLANQUÉE
SUÇOTERA

PUZZLE # 09

W	L	C	A	N	A	R	D	Â	T
A	B	V	L	S	K	E	É	L	G
M	V	F	D	A	V	A	G	A	E
K	Z	Z	O	Z	O	M	L	B	N
L	F	H	M	O	I	A	U	O	C
X	C	Y	A	T	L	R	E	U	E
S	A	A	N	É	I	I	N	R	N
F	R	P	I	M	E	N	T	É	S
T	Y	R	A	I	R	A	Q	S	A
M	P	P	L	E	S	S	V	R	S

AMARINAS AZOTÉMIE CANARDÂT
DÉGLUENT DOMANIAL ENCENSAS
LABOURÉS PIMENTÉS VOILIERS

PUZZLE # 10

G	D	É	M	O	N	T	E	Z	K
G	É	E	M	P	A	R	A	I	T
Z	F	M	Â	D	D	A	B	Z	I
Q	I	E	T	K	J	L	H	H	X
Z	E	F	E	I	G	N	A	N	T
O	R	É	R	O	G	È	N	E	S
K	A	F	O	S	S	O	I	E	S
P	S	O	N	G	E	O	N	S	E
Z	I	N	S	I	P	I	D	E	B
F	C	J	G	N	Y	R	Y	U	T

DÉFIERAS DÉMONTEZ EMPARAIT
ÉROGÈNES FEIGNANT FOSSOIES
INSIPIDE MÂTERONS SONGEONS

PUZZLE # 11

N	O	M	A	D	I	S	A	M	R
V	E	A	N	M	E	E	C	A	O
M	J	R	D	A	D	U	I	L	S
I	A	H	V	N	F	K	S	A	Â
F	C	R	A	D	È	R	E	N	T
K	T	R	Y	A	F	U	L	D	R
O	E	Y	T	L	F	K	A	R	E
R	R	A	W	O	G	S	I	E	S
R	E	M	E	U	B	L	É	T	U
B	Z	R	É	S	I	G	N	Â	T

ACISELAI
ANDALOUS
JACTEREZ
MALANDRE
NOMADISA
RADÈRENT
REMEUBLÉ
RÉSIGNÂT
ROSÂTRES

PUZZLE # 12

H	Q	N	P	D	K	B	J	M	L
S	I	H	Q	R	P	U	K	V	O
I	É	M	A	S	C	U	L	A	P
A	A	E	N	S	A	B	L	Â	T
Y	M	C	A	L	M	E	R	E	Z
U	B	R	É	A	P	P	R	Î	T
M	C	A	B	R	I	O	L	E	X
E	C	É	M	I	N	C	É	E	S
R	A	C	L	A	G	E	S	V	R
P	E	N	T	O	S	E	S	W	W

CABRIOLE	CALMEREZ	CAMPINGS
ÉMASCULA	ÉMINCÉES	ENSABLÂT
PENTOSES	RACLAGES	RÉAPPRÎT

PUZZLE # 13

U	K	E	Q	S	M	O	W	W	N
F	K	M	X	S	P	Z	D	U	M
U	J	R	A	Y	E	R	O	N	T
E	N	F	L	Â	T	E	S	W	Q
H	A	B	I	T	U	É	E	A	E
I	F	R	É	P	U	D	I	A	S
J	E	E	N	G	L	U	A	N	T
Z	V	T	O	I	O	M	Ê	M	E
O	B	E	N	T	O	N	N	A	I
O	D	É	S	I	R	O	N	S	M

ALIÉNONS
DÉSIRONS
ENFLÂTES
ENGLUANT
ENTONNAI
HABITUÉE
RAYERONT
RÉPUDIAS
TOI-MÊME

PUZZLE # 14

I	G	D	Z	H	I	S	J	D	C
H	Z	O	V	D	W	Y	W	Q	N
N	F	F	A	I	L	L	I	E	Z
É	T	O	N	N	A	I	T	Q	L
V	S	E	N	T	I	R	E	Z	F
R	M	F	E	N	D	A	G	E	S
O	K	K	X	R	T	D	R	C	K
S	B	R	I	S	S	O	L	Â	T
E	T	T	O	N	N	I	O	N	S
S	T	E	N	F	U	Î	T	E	S

ANNEXION
ENFUÎTES
ÉTONNAIT
FAILLIEZ
FENDAGES
NÉVROSES
RISSOLÂT
SENTIREZ
TONNIONS

PUZZLE # 15

E	I	S	M	P	K	B	E	I	B
K	E	D	A	R	D	Â	T	E	S
J	V	É	C	A	N	G	U	É	E
O	V	R	I	C	O	C	H	E	R
Q	F	R	E	N	V	I	D	A	I
Z	U	F	L	A	N	D	R	I	N
K	O	R	É	A	S	S	U	R	A
L	B	A	I	L	L	E	R	A	I
S	Z	E	M	P	L	O	Y	É	S
T	P	X	A	E	U	B	Q	M	F

AILLERAI	DARDÂTES	ÉCANGUÉE
EMPLOYÉS	FLANDRIN	RÉASSURA
RENVIDAI	RICOCHER	SERINAIS

PUZZLE # 16

P	A	L	E	T	T	A	S	H	Y
O	M	S	K	Q	R	N	A	Y	M
D	É	C	I	N	T	R	E	B	F
Q	N	E	X	P	U	L	S	A	I
R	A	H	O	N	M	W	A	G	L
K	G	Z	G	V	É	I	U	U	M
D	É	C	M	U	F	V	N	E	I
N	E	L	L	S	I	B	A	R	Q
B	Ê	L	E	R	A	I	T	A	U
A	V	I	L	I	S	S	E	S	E

AMÉNAGÉE AVILISSE BAGUERAS
BÊLERAIT DÉCINTRE EXPULSAI
FILMIQUE PALETTAS TUMÉFIAS

PUZZLE # 17

K	G	F	V	N	J	V	Q	Q	B
H	A	C	H	E	R	A	S	K	N
D	É	I	F	I	A	I	S	M	Z
G	L	N	B	Z	S	P	T	L	B
X	I	C	O	L	L	E	R	E	Z
N	Q	E	N	G	O	U	L	E	Z
X	U	N	P	Z	V	Y	K	M	M
Q	E	D	É	M	O	U	L	A	S
É	L	I	D	Â	M	E	S	N	D
B	P	É	C	L	O	T	E	R	X

COLLEREZ	DÉIFIAIS	DÉMOULAS
ÉLIDÂMES	ENGOULEZ	GAÉLIQUE
HACHERAS	INCENDIÉ	PÉCLOTER

PUZZLE # 18

U	V	T	K	B	X	M	S	B	K
J	N	X	L	O	V	V	F	E	F
R	S	I	S	L	A	M	I	S	É
I	E	M	B	A	R	R	E	Z	F
W	A	P	P	É	T	E	R	A	L
B	O	U	I	L	L	I	S	O	R
X	Y	D	É	S	O	B	É	Î	T
S	Q	E	S	C	O	R	T	A	S
C	O	N	C	É	D	É	S	C	P
N	É	T	A	M	Â	M	E	S	S

APPÉTERA BOUILLIS CONCÉDÉS
DÉSOBÉÎT EMBARREZ ESCORTAS
ÉTAMÂMES IMPUDENT ISLAMISÉ

PUZZLE # 19

A	U	S	É	F	T	C	P	R	D
M	J	A	C	O	J	L	O	F	L
Z	Y	B	O	B	P	Ô	I	A	V
B	Y	O	S	J	F	T	L	R	E
V	U	R	S	X	T	U	Â	D	R
Q	F	D	É	P	O	R	T	A	S
W	M	É	E	D	S	É	E	S	E
G	K	S	S	I	L	S	S	S	U
M	C	H	A	M	E	L	L	E	R
T	F	E	N	G	R	A	V	A	S

CHAMELLE
CLÔTURÉS
DÉPORTAS
ÉCOSSÉES
ENGRAVAS
FARDASSE
POILÂTES
SABORDÉS
VERSEURS

PUZZLE # 20

Z	S	Y	D	U	J	N	S	E	L
L	N	D	É	C	O	C	H	É	S
S	Z	E	G	S	P	J	T	C	D
O	V	S	O	N	N	E	R	A	I
C	F	C	N	I	G	R	I	M	S
U	E	A	D	F	I	R	E	P	S
L	J	R	A	F	S	I	R	A	O
I	V	B	S	É	V	C	O	N	N
X	Z	O	J	E	F	A	N	E	E
L	Q	T	X	S	W	N	S	S	Z

CAMPANES	DÉCOCHÉS	DÉGONDAS
DISSONEZ	ESCARBOT	JERRICAN
SNIFFÉES	SONNERAI	TRIERONS

PUZZLE # 21

B	O	R	D	A	G	E	S	P	L
M	É	N	É	Q	O	R	F	O	D
O	Q	H	G	W	Z	Y	K	L	É
I	U	M	E	S	U	R	A	I	S
R	I	Y	R	J	G	Y	P	S	I
U	P	U	M	R	K	A	P	S	R
R	A	M	A	W	R	I	E	E	A
E	N	V	I	A	B	L	E	Z	I
S	T	V	O	T	E	R	O	N	S
B	P	Y	Q	N	K	L	K	I	P

BORDAGES	DÉGERMAI	DÉSIRAIS
ENVIABLE	ÉQUIPANT	MESURAIS
MOIRURES	POLISSEZ	VOTERONS

PUZZLE # 22

A	I	S	G	V	T	B	J	X	D
B	I	T	F	G	P	L	B	T	É
B	K	G	R	I	N	G	U	Â	T
C	É	M	E	N	T	É	E	D	E
B	R	I	F	E	R	A	S	H	C
X	U	N	J	X	I	G	Q	M	T
M	I	N	H	A	B	I	L	E	E
D	É	P	I	C	A	G	E	W	Z
R	R	O	U	T	I	N	E	S	S
N	B	P	O	S	T	I	C	H	E

BRIFERAS	CÉMENTÉE	DÉPICAGE
DÉTECTEZ	GRINGUÂT	INEXACTS
INHABILE	POSTICHE	ROUTINES

PUZZLE # 23

N	E	Y	F	C	D	E	D	C	N
V	S	I	V	Y	N	T	U	K	S
B	O	L	Z	G	A	B	F	H	O
R	M	M	A	R	G	I	N	E	Z
U	S	C	H	E	I	D	E	R	U
I	A	R	E	F	R	É	N	Â	T
R	M	E	F	F	E	C	T	U	A
I	C	A	M	O	U	F	L	É	U
E	X	A	M	I	N	A	S	X	V
Z	B	V	I	R	A	I	E	N	T

BRUIRIEZ	CAMOUFLÉ	EFFECTUA
EXAMINAS	GREFFOIR	MARGINEZ
REFRÉNÂT	SCHEIDER	VIRAIENT

PUZZLE # 24

Y	E	E	E	I	P	Y	D	L	Q
B	J	A	B	O	T	E	R	A	C
H	B	C	O	N	C	I	L	E	S
Z	J	C	U	I	S	S	E	A	U
A	S	U	C	E	R	O	N	T	K
X	A	M	A	R	G	O	T	E	Z
T	D	É	N	U	E	R	A	I	Z
L	D	R	E	B	O	I	S	A	I
E	B	I	Z	U	T	E	R	A	H
J	Z	B	G	U	Q	V	N	Y	C

BIZUTERA	BOUCANEZ	CONCILES
CUISSEAU	DÉNUERAI	JABOTERA
MARGOTEZ	REBOISAI	SUCERONT

PUZZLE # 25

D	R	I	B	B	L	E	R	L	B
I	F	B	B	R	I	P	G	D	A
A	I	R	X	Q	D	A	O	V	P
P	G	É	V	U	H	V	M	Y	P
R	E	S	T	A	L	O	M	Z	Z
I	Â	I	J	R	G	I	E	L	S
E	M	L	G	T	W	S	U	Z	H
Z	E	L	L	I	G	E	S	Y	I
E	S	É	A	D	O	R	E	D	M
T	A	N	N	I	Q	U	E	O	P

BRÉSILLÉ DIAPRIEZ DRIBBLER
FIGEÂMES GOMMEUSE PAVOISER
QUARTIDI TANNIQUE ZELLIGES

PUZZLE # 26

W	H	N	F	K	Q	D	V	F	L
P	G	D	D	C	D	É	N	M	B
A	D	É	É	H	E	V	B	K	J
R	É	C	L	A	M	E	R	V	A
U	N	O	A	U	O	R	I	G	O
L	E	R	T	V	F	S	L	H	B
I	R	D	T	I	C	E	L	B	R
E	V	A	E	E	R	Z	A	D	Y
S	E	I	Z	S	Z	R	N	A	M
G	S	É	R	E	I	N	T	E	R

BRILLANT	CHAUVIES	DÉCORDAI
DÉLATTEZ	DÉNERVES	DÉVERSEZ
ÉREINTER	PARULIES	RÉCLAMER

PUZZLE # 27

Z	H	B	F	B	D	F	D	J	N
J	V	R	T	F	É	M	L	O	O
O	E	E	I	R	P	Ê	F	U	R
D	D	C	N	S	A	L	A	E	M
A	H	O	S	P	Y	E	Ç	R	A
P	O	U	S	Z	S	R	O	O	L
P	W	P	I	G	E	O	N	N	E
Y	N	É	E	T	S	N	N	S	S
X	U	E	Z	A	I	T	É	M	L
R	C	A	L	O	T	T	E	Z	V

CALOTTEZ	DÉPAYSES	FAÇONNÉE
JOUERONS	MÊLERONT	NORMALES
PIGEONNE	RECOUPÉE	TINSSIEZ

PUZZLE # 28

B	H	Y	Z	S	M	L	O	L	E
U	F	X	W	F	I	E	A	F	Z
G	U	B	R	U	N	Â	T	R	E
Q	S	L	E	C	T	E	U	R	S
T	E	A	M	B	L	E	R	E	Z
R	R	G	É	O	T	R	U	P	E
Z	O	V	M	K	G	F	H	S	W
P	N	H	O	U	P	P	E	N	T
S	S	E	R	V	A	G	E	S	Z
V	C	C	A	S	A	Q	U	E	S

AMBLEREZ BRUNÂTRE CASAQUES
FUSERONS GÉOTRUPE HOUPPENT
LECTEURS REMÉMORA SERVAGES

PUZZLE # 29

E	X	E	R	Ç	A	N	T	K	E
M	Y	N	E	P	R	A	A	W	R
B	L	T	V	C	R	V	N	A	E
R	I	R	I	U	I	I	G	G	P
A	D	O	V	X	M	G	U	W	A
I	I	Q	A	A	E	U	I	X	V
E	N	U	I	S	N	A	E	X	A
S	E	E	S	G	T	I	Z	U	I
P	E	D	F	C	U	Z	H	N	T
O	G	G	W	U	Q	B	Z	Z	Z

ARRIMENT EMBRAIES ENTROQUE
EXERÇANT NAVIGUAI REPAVAIT
REVIVAIS TANGUIEZ XYLIDINE

PUZZLE # 30

N	M	A	P	A	G	O	G	I	E
Q	V	E	N	D	A	N	G	E	V
E	H	V	W	H	V	X	M	M	L
N	O	Z	C	É	P	Y	É	A	I
L	R	C	A	S	S	Â	T	E	S
A	R	N	X	I	W	U	I	I	S
I	E	E	L	O	A	Y	S	U	I
D	B	N	W	N	C	T	S	E	E
I	D	É	F	U	N	T	E	S	R
R	E	P	E	N	T	I	R	K	S

ADHÉSION
APAGOGIE
CASSÂTES
DÉFUNTES
ENLAIDIR
LISSIERS
MÉTISSER
REPENTIR
VENDANGE

PUZZLE # 31

N	I	C	D	P	H	U	G	N	T
F	Q	B	A	Y	D	A	F	Q	V
K	V	A	I	N	C	U	E	S	U
K	C	O	R	N	A	S	S	E	S
D	I	N	D	O	N	N	É	Y	M
D	P	H	U	M	O	R	A	L	E
R	I	P	A	N	T	E	L	E	R
E	X	U	L	T	A	I	T	R	D
S	L	E	E	P	I	N	G	Q	A
T	Q	L	A	S	S	Â	M	E	S

CANOTAIS	DINDONNÉ	EXULTAIT
HUMORALE	LASSÂMES	ORNASSES
PANTELER	SLEEPING	VAINCUES

PUZZLE # 32

C	C	C	Z	F	K	Z	B	I	V
Q	P	E	I	N	E	R	A	I	U
F	R	F	R	D	D	H	T	G	K
X	E	O	E	É	E	U	T	C	P
Q	N	U	M	L	S	L	I	P	L
F	V	R	A	O	S	U	S	J	F
V	I	N	N	G	I	L	S	O	C
C	D	É	G	E	L	I	E	Z	G
G	A	E	E	Â	L	E	C	S	E
M	S	S	S	T	É	Z	A	D	I

BATTISSE	DÉGELIEZ	DÉLOGEÂT
DESSILLÉ	FOURNÉES	HULULIEZ
PEINERAI	REMANGES	RENVIDAS

PUZZLE # 33

Y	T	S	J	N	Z	R	L	G	Z
N	V	U	B	C	N	E	O	Ê	L
Q	R	R	F	V	C	M	L	N	I
C	U	P	R	I	A	P	É	E	S
P	R	A	U	E	L	O	I	U	É
B	O	Y	S	I	E	T	Q	S	R
E	I	E	T	L	T	É	U	E	A
M	C	R	R	L	O	E	E	S	G
A	I	J	E	I	N	S	S	P	E
N	S	R	Z	T	S	G	E	S	B

CALETONS FRUSTREZ GÊNEUSES
LISÉRAGE OLÉIQUES PRIAPÉES
REMPOTÉE SURPAYER VIEILLIT

PUZZLE # 34

M	D	O	D	E	L	I	N	É	I
E	O	G	R	A	N	I	T	A	I
X	U	C	A	I	R	C	P	V	J
I	T	S	I	E	D	R	V	O	V
C	E	V	N	U	D	E	L	V	O
A	R	P	E	R	F	U	S	Â	T
I	A	Y	N	J	C	S	V	Y	W
N	S	M	T	Y	W	E	Q	Z	Z
B	Y	I	N	A	L	T	É	R	É
M	T	A	N	N	I	S	E	Z	V

CREUSETS DODELINÉ DOUTERAS
DRAINENT GRANITAI INALTÉRÉ
MEXICAIN PERFUSÂT TANNISEZ

PUZZLE # 35

N	C	X	O	H	W	F	C	J	I
E	Q	Y	B	K	G	K	Y	L	D
B	A	D	I	N	A	I	T	X	É
O	B	A	T	T	Î	M	E	S	P
H	V	I	H	V	W	P	I	S	A
W	É	N	U	M	É	R	É	E	Y
R	F	V	O	U	L	I	O	N	S
E	C	O	S	S	Â	M	E	S	E
F	Â	C	H	Â	T	E	S	W	R
C	R	R	A	V	I	S	O	N	S

BADINAIT
BATTÎMES
COSSÂMES
DÉPAYSER
ÉNUMÉRÉE
FÂCHÂTES
IMPRIMES
RAVISONS
VOULIONS

PUZZLE # 36

Y	U	N	O	N	R	I	T	C	J
Q	Q	H	R	F	C	I	V	N	L
B	A	U	T	O	P	S	I	E	M
A	H	B	I	T	T	U	R	A	I
X	N	M	O	Z	A	B	I	T	E
O	D	R	E	C	R	U	T	Â	T
L	H	D	É	P	O	L	L	U	É
Y	H	R	É	T	R	É	C	I	T
R	C	H	A	R	G	E	N	T	P
D	T	M	É	F	A	S	S	E	S

AUTOPSIE | BITTURAI | CHARGENT
DÉPOLLUÉ | MÉFASSES | MOZABITE
RECRUTÂT | RÉTRÉCIT | SUBULÉES

PUZZLE # 37

E	I	V	A	B	Q	X	W	L	F
G	M	A	C	Q	U	É	E	S	R
P	L	J	F	M	A	Q	N	O	I
D	I	M	P	R	O	U	V	A	T
V	B	I	T	U	M	I	N	A	T
J	F	D	I	L	A	P	I	D	A
Y	C	R	É	O	S	O	T	É	I
C	H	A	B	L	A	N	T	T	S
P	U	D	A	M	A	S	S	E	Z
R	I	Y	L	L	N	O	I	F	X

BITUMINA	CHABLANT	CRÉOSOTÉ
DAMASSEZ	DILAPIDA	ÉQUIPONS
FRITTAIS	IMPROUVA	MACQUÉES

PUZZLE # 38

S	N	A	D	O	E	N	R	N	Y
D	C	C	S	Q	B	X	J	Z	R
É	O	D	I	A	S	T	O	L	E
G	U	I	G	N	E	R	A	J	F
L	R	S	O	N	G	I	O	N	S
A	R	T	R	U	Q	U	E	U	R
C	I	A	M	E	U	T	A	N	T
E	E	N	E	G	B	U	D	I	Z
R	R	Ç	I	X	G	O	P	G	P
M	T	A	L	A	T	E	R	N	E

ALATERNE
DÉGLACER
GUIGNERA
AMEUTANT
DIASTOLE
SONGIONS
COURRIER
DISTANÇA
TRUQUEUR

PUZZLE # 39

M	S	I	N	F	U	S	I	E	Z
N	É	S	R	T	R	C	P	A	X
R	G	D	E	A	I	H	L	T	A
T	R	É	S	I	N	E	U	X	K
E	É	R	S	L	T	I	C	Z	M
C	G	A	E	L	R	D	H	E	S
D	É	I	R	E	I	E	E	E	Y
X	E	E	R	U	Q	Z	U	F	V
T	K	R	E	R	U	I	X	F	Y
I	E	A	F	D	E	B	X	Y	P

DÉRAIERA
INFUSIEZ
INTRIQUE
PLUCHEUX
RÉSINEUX
RESSERRE
SCHEIDEZ
SÉGRÉGÉE
TAILLEUR

PUZZLE # 40

D	A	P	I	T	O	Y	Â	T	K
R	M	A	N	G	E	L	O	T	S
Q	É	R	K	É	V	M	H	Y	O
V	N	E	W	M	X	O	I	D	U
B	A	N	G	I	Q	N	V	X	T
U	G	A	G	N	Â	T	E	S	I
M	E	U	U	O	C	A	R	R	E
B	R	D	F	N	I	N	N	Q	N
Y	N	A	A	S	O	T	A	Z	S
E	X	I	H	T	Z	E	I	R	X

AMÉNAGER
ANGELOTS
APITOYÂT
GAGNÂTES
GÉMINONS
HIVERNAI
MONTANTE
RENAUDAI
SOUTIENS

PUZZLE # 41

V	S	M	B	Q	U	R	O	F	I
N	T	R	I	P	L	U	R	E	N
K	W	F	C	O	É	S	T	C	F
Q	I	I	I	A	C	I	U	L	E
P	S	B	É	G	O	N	I	A	S
N	T	R	L	N	U	I	L	V	T
G	A	A	U	K	R	È	E	E	E
T	I	N	E	Z	T	R	R	T	Z
L	T	N	H	Q	E	E	I	T	L
S	M	E	V	O	R	J	E	A	C

BÉGONIAS
CLAVETTA
ÉCOURTER
FIBRANNE
INFESTEZ
TRIPLURE
TUILERIE
TWISTAIT
USINIÈRE

PUZZLE # 42

N	B	N	D	C	B	L	M	É	E
R	Â	A	B	Y	S	S	I	N	S
S	T	R	I	Q	U	É	E	I	I
H	A	R	S	R	Y	C	O	E	G
O	S	Â	C	Q	C	L	L	L	N
O	S	T	Q	L	O	A	J	L	Â
T	E	E	G	G	E	I	P	É	T
O	S	S	P	B	Q	R	S	E	E
N	R	O	U	U	J	Â	P	W	S
S	D	S	É	D	I	T	I	O	N

ABYSSINS	BÂTASSES	ÉCLAIRÂT
ÉNIELLÉE	NARRÂTES	SÉDITION
SHOOTONS	SIGNÂTES	STRIQUÉE

PUZZLE # 43

F	E	X	A	F	T	P	Y	R	X
W	A	M	W	K	W	L	C	T	X
S	C	A	N	D	É	E	S	A	T
I	A	L	L	É	L	U	I	A	U
S	R	E	Q	U	Ê	T	E	S	A
M	B	L	A	F	A	R	D	E	A
A	U	O	J	S	L	X	D	E	S
L	R	E	G	A	G	N	Â	T	Q
E	A	É	R	E	R	A	I	S	O
S	I	N	I	T	I	É	E	S	W

AÉRERAIS	ALLÉLUIA	BLAFARDE
CARBURAI	INITIÉES	REGAGNÂT
REQUÊTES	SCANDÉES	SISMALES

PUZZLE # 44

S	G	À	V	P	R	O	P	O	S
T	E	F	U	S	E	R	O	N	T
V	N	D	E	H	P	L	J	Q	R
T	I	O	Q	G	D	A	K	G	I
M	È	P	R	I	T	B	K	S	C
A	V	Z	M	O	T	O	F	I	T
O	R	E	S	S	O	U	C	H	E
Y	E	N	C	A	D	R	Â	T	S
C	A	P	T	E	R	A	I	U	Y
Q	V	F	O	R	L	I	G	N	A

À-PROPOS
ESSOUCHE
GENIÈVRE
CAPTERAI
FORLIGNA
LABOURAI
ENCADRÂT
FUSERONT
STRICTES

PUZZLE # 45

G	T	X	E	B	G	T	W	Z	X
W	M	C	Z	M	X	O	H	O	A
N	I	D	A	T	I	O	N	X	G
E	N	J	O	U	A	I	S	O	E
C	S	A	C	Q	U	I	E	Z	Q
Y	É	G	R	U	G	E	A	S	V
P	R	E	J	E	T	T	E	S	H
R	A	M	U	Ï	R	E	N	T	E
T	I	S	E	R	O	N	T	O	R
S	T	R	A	D	U	I	T	S	Q

AMUÏRENT ÉGRUGEAS ENJOUAIS
INSÉRAIT NIDATION REJETTES
SACQUIEZ TISERONT TRADUITS

PUZZLE # 46

B	R	É	S	U	L	T	É	E	J
R	E	S	C	R	I	T	S	I	D
I	P	N	D	F	P	K	S	M	Q
L	E	U	S	L	A	S	P	A	W
L	R	A	M	A	R	R	É	S	E
O	C	N	W	S	F	W	P	S	T
N	E	Ç	P	H	I	X	Q	I	D
S	S	O	M	A	L	W	C	V	C
V	S	N	J	I	A	K	E	E	O
K	R	S	L	S	I	O	V	S	D

BRILLONS	FLASHAIS	MASSIVES
NUANÇONS	PARFILAI	RAMARRÉS
REPERCES	RESCRITS	RÉSULTÉE

PUZZLE # 47

D	É	V	A	S	T	E	S	P	A
É	R	A	F	L	É	E	S	A	I
R	O	X	K	Q	V	B	F	X	N
A	N	D	É	B	L	A	Y	É	S
I	F	L	Û	T	I	S	T	E	P
S	L	I	T	N	D	Q	E	R	E
O	O	P	J	W	S	C	C	J	C
N	N	A	X	K	Y	Ô	Z	D	T
Z	S	J	Q	C	I	T	D	D	É
E	N	C	A	D	R	É	S	R	Q

BAS-CÔTÉ	DÉBLAYÉS	DÉRAISON
DÉVASTES	ENCADRÉS	ÉRAFLÉES
FLÛTISTE	INSPECTÉ	RONFLONS

PUZZLE # 48

M	O	S	T	R	O	G	O	T	C
G	S	A	K	H	W	K	R	H	D
F	O	U	I	N	O	N	S	D	É
Z	V	M	C	H	Q	L	M	É	L
B	O	U	D	Â	T	E	S	C	O
P	E	R	G	O	L	A	S	O	Q
X	T	A	B	N	O	O	U	U	U
R	B	S	C	I	S	S	I	L	E
D	X	C	R	Q	V	T	T	Â	R
C	C	M	O	R	D	A	N	T	S

BOUDÂTES DÉCOULÂT DÉLOQUER
FOUINONS MORDANTS OSTROGOT
PERGOLAS SAUMURAS SCISSILE

PUZZLE # 49

E	D	H	N	B	N	G	S	W	F
L	T	L	N	L	D	J	M	D	O
R	E	D	I	R	O	N	T	Y	U
B	D	É	F	E	U	T	R	É	R
N	H	R	D	D	F	L	Y	L	R
C	J	A	B	L	E	R	E	Z	I
M	M	S	E	I	Z	I	È	M	E
F	L	A	U	P	A	I	S	U	R
V	E	N	D	E	T	T	A	X	E
S	T	T	A	U	P	I	E	R	S

DÉFEUTRÉ DÉRASANT FLAUPAIS
FOURRIER JABLEREZ REDIRONT
SEIZIÈME TAUPIERS VENDETTA

PUZZLE # 50

D	É	G	R	E	V	A	S	T	D
F	B	A	F	O	U	É	E	S	É
S	I	N	É	C	U	R	E	P	G
H	B	V	I	S	I	O	N	N	A
P	A	R	A	S	A	S	S	E	Z
C	A	P	I	S	T	O	N	K	É
G	M	É	T	H	Y	L	E	S	E
B	A	H	Q	Z	F	S	X	O	S
M	N	A	L	L	A	Y	P	N	N
J	P	N	U	J	Z	H	H	J	X

AÉROSOLS ARASASSE BAFOUÉES
CAPISTON DÉGAZÉES DÉGREVAS
MÉTHYLES SINÉCURE VISIONNA

PUZZLE # 51

A	Q	F	I	A	C	J	Y	C	I
T	N	L	Y	V	D	U	T	G	O
T	X	I	F	A	É	X	S	O	O
A	M	N	S	N	P	I	K	N	S
C	O	G	I	T	O	N	S	D	P
H	O	U	B	A	U	N	H	Â	H
A	K	A	S	G	M	X	S	T	È
I	C	I	M	E	O	R	Y	E	R
F	W	F	E	I	N	T	I	S	E
X	O	M	B	R	E	L	L	E	N

ATTACHAI
AVANTAGE
COGITONS
ÉPOUMONE
FEINTISE
FLINGUAI
GONDÂTES
OMBRELLE
OOSPHÈRE

PUZZLE # 52

N	B	L	I	R	A	I	E	N	T
C	L	A	M	E	R	A	I	P	L
P	D	G	M	R	U	Z	S	L	L
K	D	W	I	O	Q	L	R	A	U
X	X	N	G	U	E	B	J	C	T
X	G	D	R	L	O	O	A	I	T
X	K	P	E	U	P	L	A	D	E
Z	N	J	Z	R	Z	J	F	E	U
P	R	U	N	E	L	É	E	S	S
R	A	M	A	S	S	Â	T	Y	E

CLAMERAI	IMMIGREZ	LIRAIENT
LUTTEUSE	PEUPLADE	PLACIDES
PRUNELÉE	RAMASSÂT	ROULURES

PUZZLE # 53

O	B	Z	S	G	V	E	Z	D	A
F	P	M	C	O	I	N	N	T	X
P	L	U	R	I	E	L	S	T	G
A	C	C	A	B	L	E	Z	T	H
V	E	R	D	I	R	A	I	A	B
E	N	G	L	U	É	E	S	P	Y
R	E	T	E	R	S	E	S	I	E
A	N	N	U	L	O	N	S	M	I
I	N	F	A	T	U	A	I	M	Q
T	A	N	G	U	A	N	T	R	Z

ACCABLEZ ANNULONS ENGLUÉES
INFATUAI PAVERAIT PLURIELS
RETERSES TANGUANT VERDIRAI

PUZZLE # 54

V	M	N	X	I	U	E	O	W	M
U	U	R	G	Z	H	Y	V	R	C
G	I	L	K	H	C	Y	T	A	F
P	I	A	S	S	A	V	A	F	A
N	U	R	A	G	H	E	S	F	U
H	B	R	E	V	O	U	L	Û	T
E	X	E	M	P	T	É	E	T	I
M	O	R	F	L	E	N	T	A	O
D	É	B	O	G	U	É	E	I	N
R	W	U	U	R	X	N	O	B	S

CAHOTEUX	DÉBOGUÉE	EXEMPTÉE
FAUTIONS	MORFLENT	NURAGHES
PIASSAVA	RAFFÛTAI	REVOULÛT

PUZZLE # 55

E	O	T	P	A	J	D	F	C	U
B	L	E	Q	K	O	O	R	F	J
P	E	M	B	R	U	N	I	E	P
T	N	P	A	É	I	A	P	X	U
O	F	O	R	I	S	T	Â	P	T
D	I	R	A	T	S	I	M	U	I
E	È	E	T	É	I	O	E	R	E
O	V	L	T	R	F	N	S	G	U
B	R	J	Â	Â	I	V	O	É	G
P	E	H	T	T	A	D	R	S	T

BARATTÂT	DONATION	EMBRUNIE
ENFIÈVRE	EXPURGÉS	FRIPÂMES
JOUISSIF	RÉITÉRÂT	TEMPOREL

PUZZLE # 56

S	P	R	Q	I	W	I	J	O	J
R	E	B	U	T	E	N	T	U	W
V	P	F	I	A	N	Ç	A	I	T
W	D	É	L	A	V	O	N	S	E
C	H	O	Q	U	E	R	A	P	B
L	Â	C	H	E	R	A	S	W	R
L	Y	M	E	U	G	L	E	R	A
W	B	A	Q	U	E	T	E	R	D
R	E	B	O	I	S	E	S	B	W
P	H	U	H	J	Z	A	B	U	A

BAQUETER	CHOQUERA	DÉLAVONS
ENVERGES	FIANÇAIT	LÂCHERAS
MEUGLERA	REBOISES	REBUTENT

PUZZLE # 57

M	É	G	O	T	A	I	S	S	G
T	T	J	O	B	O	N	G	Z	W
D	I	N	T	É	G	R	É	S	M
E	N	J	U	I	V	E	Z	O	P
L	C	C	G	C	Q	K	X	N	Y
H	E	G	B	L	R	H	I	G	O
O	L	E	N	C	A	V	I	E	Z
M	É	M	O	U	C	H	A	R	D
N	V	D	É	B	A	N	D	E	S
Z	P	É	C	H	E	R	E	Z	C

DÉBANDES	ENCAVIEZ	ENJUIVEZ
ÉTINCELÉ	INTÉGRÉS	MÉGOTAIS
MOUCHARD	PÉCHEREZ	SONGEREZ

PUZZLE # 58

U	C	Z	S	L	A	D	P	T	D
I	N	G	J	X	H	J	S	S	I
E	Z	V	O	I	S	I	N	É	S
E	M	M	E	N	A	I	S	S	W
M	B	P	A	T	E	N	T	Â	T
R	A	P	P	E	L	Â	T	E	Q
R	E	M	A	N	I	A	S	A	H
D	M	R	O	T	A	T	I	V	E
B	R	Û	L	Â	M	E	S	A	U
L	P	A	C	T	I	S	E	S	S

BRÛLÂMES	EMMENAIS	INTENTÂT
PACTISES	PATENTÂT	RAPPELÂT
REMANIAS	ROTATIVE	VOISINÉS

PUZZLE # 59

X	T	X	F	E	R	R	J	V	N
S	R	E	R	N	E	E	G	H	W
T	E	N	E	T	M	A	O	C	K
O	F	C	C	E	Ê	M	Û	P	W
R	L	U	T	N	L	B	T	Q	Q
D	É	V	I	D	E	R	A	E	N
Î	T	E	F	R	R	A	S	U	H
M	Â	N	I	E	A	S	S	Q	G
E	T	T	E	M	I	S	E	V	A
S	Q	W	O	B	S	E	D	B	U

AMBRASSE DÉVIDERA ENCUVENT
ENTENDRE GOÛTASSE MÊLERAIS
RECTIFIE REFLÉTÂT TORDÎMES

PUZZLE # 60

S	P	A	V	Y	L	K	C	G	A
L	W	A	F	F	I	L	I	E	S
T	P	É	A	J	D	M	Q	É	S
Y	R	T	R	E	É	O	H	V	U
L	Y	R	I	T	P	C	Y	I	M
M	T	E	N	A	I	E	N	T	O
N	A	I	E	B	T	M	B	E	N
U	N	N	R	L	É	X	U	R	S
G	É	T	A	E	E	F	J	A	F
B	E	S	T	S	S	E	H	S	E

AFFILIES ASSUMONS DÉPITÉES
ÉTREINTS ÉVITERAS FARINERA
JETABLES PRYTANÉE TENAIENT

PUZZLE # 61

I	I	U	D	W	D	B	A	C	D
Q	N	G	Î	É	D	J	C	O	I
I	Y	E	N	V	E	R	G	U	A
Z	Y	N	E	A	S	E	O	I	B
V	J	F	U	S	T	T	U	N	È
O	L	U	S	A	I	E	A	E	T
R	H	Y	E	S	N	N	I	N	E
T	W	O	S	S	Â	U	L	T	S
A	A	N	Z	E	T	E	L	V	E
W	S	S	Q	F	N	S	A	M	Q

COUINENT DESTINÂT DIABÈTES
DÎNEUSES ENFUYONS ENVERGUA
ÉVASASSE GOUAILLA RETENUES

PUZZLE # 62

H	X	T	A	B	A	G	I	E	S
M	Q	U	A	R	R	A	N	T	B
I	C	O	G	I	T	I	E	Z	T
R	C	A	U	S	E	R	A	S	W
U	D	T	R	E	M	P	O	N	S
V	R	E	F	U	S	E	R	A	R
T	C	V	E	R	S	E	R	A	I
F	B	R	U	S	Q	U	E	R	F
Z	I	H	M	O	Z	J	S	Z	F
V	F	Q	K	O	G	M	W	W	T

BRISEURS BRUSQUER CAUSERAS
COGITIEZ QUARRANT REFUSERA
TABAGIES TREMPONS VERSERAI

PUZZLE # 63

D	E	M	I	K	M	A	L	C	C
É	L	I	A	R	D	E	R	A	O
J	E	N	C	E	N	S	É	E	N
U	S	U	Ç	O	T	O	N	S	V
C	É	T	Ê	T	E	R	E	Z	I
H	A	E	N	L	I	G	N	É	E
E	G	N	O	Y	O	C	T	F	R
R	C	T	V	K	M	L	J	T	A
Q	G	Z	O	Z	H	U	U	R	P
T	V	V	I	K	J	I	P	N	B

CONVIERA	DÉJUCHER	DEMI-MAL
ENCENSÉE	ENLIGNÉE	ÉTÊTEREZ
LIARDERA	MINUTENT	SUÇOTONS

PUZZLE # 64

Q	J	P	D	P	T	A	É	E	Z
I	Y	F	B	O	T	G	M	M	N
X	K	A	S	U	R	Â	I	M	F
G	O	S	C	L	I	T	E	U	Q
Y	M	C	H	A	P	I	T	R	É
L	A	I	I	R	A	S	T	A	O
E	L	É	S	D	R	M	Â	I	K
L	L	E	M	E	T	E	T	S	P
O	J	S	E	A	I	S	G	S	Z
D	L	I	S	S	E	U	S	E	V

CHAPITRÉ	ÉMIETTÂT	EMMURAIS
FASCIÉES	GÂTISMES	LISSEUSE
POULARDE	SCHISMES	TRIPARTI

PUZZLE # 65

B	F	C	É	L	É	B	R	A	I
F	M	C	A	L	M	A	N	T	S
L	A	R	X	Y	T	L	C	D	Z
É	N	J	I	M	B	L	A	R	F
S	D	V	F	A	H	I	R	O	Q
I	I	I	O	F	S	O	H	P	T
N	O	Y	È	R	E	N	T	P	Z
A	N	É	P	A	I	S	S	E	S
I	S	G	I	G	O	T	O	N	S
S	E	B	I	L	Z	V	E	T	W

BALLIONS CALMANTS CÉLÉBRAI
DROPPENT ÉPAISSES GIGOTONS
LÉSINAIS MANDIONS NOYÈRENT

PUZZLE # 66

H	O	E	J	V	T	B	Z	A	M
Q	J	Q	Z	K	M	E	Z	V	Z
B	O	U	L	E	T	T	E	Z	Y
I	N	D	U	I	S	E	Z	X	B
N	O	N	V	S	T	O	P	R	D
E	N	J	Ô	L	A	I	T	P	B
T	E	R	M	I	N	E	S	M	Y
T	R	A	N	S	I	R	A	X	S
E	M	B	A	U	M	Â	T	D	C
S	I	D	É	R	A	I	T	N	O

BINETTES BOULETTE EMBAUMÂT
ENJÔLAIT INDUISEZ NON-STOP
SIDÉRAIT TERMINES TRANSIRA

PUZZLE # 67

J	D	I	G	É	R	A	I	S	J
E	É	N	R	D	E	R	M	U	V
J	M	C	A	E	N	I	I	B	X
P	É	U	N	N	Â	D	T	J	G
J	R	R	I	T	C	I	Â	U	B
G	I	V	T	I	L	T	M	G	A
G	T	E	É	E	E	É	E	U	I
Z	A	Z	E	Z	Z	S	S	A	I
A	Y	T	K	N	Z	P	I	K	Y
D	I	Q	Y	G	A	X	Y	H	N

ARIDITÉS DÉMÉRITA DIGÉRAIS
ÉDENTIEZ GRANITÉE IMITÂMES
INCURVEZ RENÂCLEZ SUBJUGUA

PUZZLE # 68

T	E	J	L	T	J	G	V	E	L
A	S	E	P	T	U	P	L	É	T
Q	I	R	A	E	C	Â	V	A	V
F	C	O	M	M	U	T	A	S	S
X	Z	U	I	P	L	U	L	O	N
I	D	M	A	O	A	R	L	C	K
T	Y	A	N	I	S	É	E	I	W
Y	O	I	T	G	S	E	U	A	J
M	S	N	E	N	E	S	S	U	Z
C	D	S	S	É	S	M	E	X	N

AMIANTES | ASOCIAUX | COMMUTAS
CULASSES | EMPOIGNÉ | PÂTURÉES
ROUMAINS | SEPTUPLÉ | VALLEUSE

PUZZLE # 69

P	Q	W	C	B	S	D	P	E	U
L	F	E	O	É	E	O	É	M	C
E	D	M	A	J	E	L	N	U	D
J	R	P	L	A	M	O	A	D	B
N	A	E	I	C	M	I	L	Y	T
X	P	S	S	U	Ê	R	I	P	L
P	A	T	E	L	L	E	S	Y	J
X	S	A	S	A	A	S	A	X	Y
H	S	I	U	I	I	L	O	G	I
Q	E	P	A	N	T	H	É	O	N

COALISES	DOLOIRES	DRAPASSE
ÉJACULAI	EMMÊLAIT	EMPESTAI
PANTHÉON	PATELLES	PÉNALISA

PUZZLE # 70

A	Z	U	P	H	Y	H	F	N	I
D	É	R	O	B	É	E	S	M	W
O	M	G	A	G	N	E	R	A	S
N	G	D	É	L	U	T	E	N	T
N	Y	Z	Z	F	C	I	J	P	S
O	C	A	N	U	L	O	N	S	Y
N	N	U	C	L	É	O	N	S	V
S	F	A	F	F	A	L	E	N	T
N	U	M	O	U	I	L	L	E	S
Y	P	O	C	I	W	O	C	H	C

ADONNONS	AFFALENT	CANULONS
DÉLUTENT	DÉROBÉES	ÉNUCLÉAI
GAGNERAS	MOUILLES	NUCLÉONS

PUZZLE # 71

W	V	C	K	Y	N	D	S	I	O
P	E	A	R	Z	G	Y	D	W	Q
I	H	V	O	C	I	F	É	R	É
D	P	R	O	H	I	B	E	R	S
Q	D	I	V	A	G	U	A	I	E
O	I	T	E	R	S	Â	M	E	S
D	G	T	O	M	A	S	S	E	S
I	C	B	R	A	V	E	R	A	I
D	É	F	O	N	Ç	A	S	T	D
I	Y	I	N	T	E	R	N	Â	T

BRAVERAI	CHARMANT	DÉFONÇAS
DIVAGUAI	INTERNÂT	PROHIBER
TERSÂMES	TOMASSES	VOCIFÉRÉ

PUZZLE # 72

R	V	É	M	R	H	Y	R	B	P
R	J	B	O	E	T	T	A	I	S
L	B	R	T	F	I	D	G	E	S
D	F	A	T	I	R	É	R	N	K
S	W	N	Â	L	A	S	É	H	X
N	Z	C	M	I	I	O	É	E	T
D	R	H	E	E	L	L	E	R	Y
L	C	É	S	Z	L	E	S	B	H
S	H	M	O	D	É	R	I	E	Z
J	R	U	O	L	T	A	J	S	H

BOETTAIS	DÉSOLERA	ÉBRANCHÉ
ENHERBES	MODÉRIEZ	MOTTÂMES
RAGRÉÉES	REFILIEZ	TIRAILLÉ

PUZZLE # 73

T	E	E	F	X	D	N	E	O	Y
D	É	M	A	N	G	É	E	J	C
I	V	A	E	F	A	H	O	I	R
S	E	S	Z	I	L	O	L	F	O
T	I	S	E	L	T	N	B	U	I
A	L	A	I	I	E	O	M	F	S
N	L	C	H	A	R	R	O	Y	A
C	Â	R	A	L	N	E	I	P	I
É	T	E	Q	E	Â	R	I	Z	S
O	V	Y	Z	S	T	A	U	C	A

ALTERNÂT
CHARROYA
CROISAIS
DÉMANGÉE
DISTANCÉ
ÉVEILLÂT
FILIALES
HONORERA
MASSACRE

PUZZLE # 74

E	D	C	R	L	W	R	S	M	D
B	T	B	Q	U	Q	S	V	F	R
C	O	N	G	A	Y	E	S	V	A
H	S	O	L	D	Â	T	E	S	I
E	M	P	I	R	É	E	S	N	N
A	N	I	S	E	T	T	E	L	É
B	T	Z	S	X	H	E	B	Q	E
B	B	V	A	L	S	E	U	R	S
F	R	E	N	D	Y	M	I	O	N
M	A	R	T	E	L	A	I	G	G

ANISETTE	CONGAYES	DRAINÉES
EMPIRÉES	ENDYMION	GLISSANT
MARTELAI	SOLDÂTES	VALSEURS

PUZZLE # 75

U	F	E	V	A	E	Y	V	É	T
N	F	N	R	C	X	P	J	P	A
K	E	D	A	R	H	A	Y	E	T
A	R	E	F	O	U	L	E	R	Z
L	V	N	M	B	M	C	W	L	Z
K	E	T	A	A	E	A	W	A	J
X	N	E	K	T	R	L	C	N	F
F	T	R	P	E	A	I	F	S	A
H	S	D	E	V	I	N	I	E	Z
A	P	P	A	R	I	E	Z	F	J

ACROBATE
ALCALINE
APPARIEZ
DEVINIEZ
ENDENTER
ÉPERLANS
EXHUMERA
FERVENTS
REFOULER

PUZZLE # 76

W	M	E	R	I	N	G	U	É	A
C	K	A	C	T	I	N	O	T	E
S	D	C	A	M	J	W	E	I	G
R	É	V	Z	Z	A	K	N	O	Z
Q	C	X	P	X	P	E	A	L	W
P	L	G	O	K	P	H	K	I	M
O	A	P	A	T	E	N	T	E	Z
D	R	O	I	T	U	R	E	Z	A
H	É	R	O	U	S	S	I	E	S
P	E	E	M	P	E	S	A	G	E

ACTINOTE	DÉCLARÉE	DROITURE
EMPESAGE	ÉTIOLIEZ	JAPPEUSE
MERINGUÉ	PATENTEZ	ROUSSIES

PUZZLE # 77

X	R	É	C	U	S	A	I	S	L
M	E	U	B	L	A	I	S	D	L
E	B	R	A	N	C	H	Â	T	Q
U	U	A	R	W	C	N	M	A	M
L	S	J	R	U	A	W	D	S	C
Â	Q	U	É	J	D	D	C	S	E
M	U	S	R	A	E	E	E	A	Q
E	E	T	A	Y	R	E	W	G	P
S	N	A	G	O	B	R	O	E	F
H	T	I	E	P	H	I	A	S	R

ARRÉRAGE
BRANCHÂT
BUSQUENT
MEUBLAIS
MEULÂMES
RAJUSTAI
RÉCUSAIS
SACCADER
TASSAGES

PUZZLE # 78

Y	M	M	I	T	A	A	Z	Y	X
O	R	U	V	S	B	L	R	P	J
D	I	N	G	F	O	L	A	D	C
É	R	I	U	A	N	O	B	E	H
B	F	F	P	M	N	G	I	D	A
E	T	L	U	E	I	È	O	N	D
C	R	O	Q	U	E	N	T	N	O
T	S	R	K	S	S	E	É	G	U
É	D	E	A	E	I	S	S	D	F
S	H	P	O	S	I	T	O	N	S

ABONNIES	ALLOGÈNE	CHADOUFS
CROQUENT	DÉBECTÉS	FAMEUSES
POSITONS	RABIOTÉS	UNIFLORE

PUZZLE # 79

G	R	I	M	A	C	E	Z	U	V
L	O	F	E	R	I	E	Z	F	R
A	T	F	S	I	B	P	I	E	C
I	N	O	D	O	R	E	S	G	J
R	P	U	B	L	I	I	E	Z	D
E	A	G	R	É	E	R	E	Z	K
R	G	E	N	S	E	R	R	E	S
A	I	O	O	Y	U	S	Y	E	T
B	E	N	Z	I	N	E	S	S	E
E	Q	S	C	X	Y	K	F	E	W

AGRÉERERZ	BENZINES	ENSERRES
FOUGEONS	GLAIRERA	GRIMACEZ
INODORES	LOFERIEZ	PUBLIIEZ

PUZZLE # 80

N	G	M	R	H	V	A	K	S	R
X	D	F	O	R	G	E	A	G	E
I	I	M	O	D	I	L	L	O	N
Z	R	E	F	L	U	E	N	T	V
D	V	E	L	D	O	R	A	D	O
C	O	M	I	T	I	G	E	A	I
L	C	P	E	C	T	O	R	A	L
X	T	E	M	B	O	Î	T	É	E
T	F	A	F	F	R	É	T	E	Z
E	W	J	G	V	C	B	N	R	L

AFFRÉTEZ ELDORADO EMBOÎTÉE
ENVOILEZ FORGEAGE MITIGEAI
MODILLON PECTORAL REFLUENT

PUZZLE # 81

D	É	J	E	T	A	N	T	D	I
U	B	R	E	L	L	É	E	S	S
C	O	C	H	O	N	N	É	M	J
N	R	M	T	F	M	A	D	Â	E
E	G	V	A	F	H	V	W	T	Û
W	N	E	W	R	P	J	J	È	N
U	E	K	V	Î	C	V	F	R	A
X	R	P	A	T	E	R	N	E	S
G	O	U	G	E	A	G	E	N	S
A	C	L	F	S	Y	X	Q	T	E

BRELLÉES	COCHONNÉ	DÉJETANT
ÉBORGNER	GOUGEAGE	JEÛNASSE
MÂTÈRENT	OFFRÎTES	PATERNES

PUZZLE # 82

V	E	Z	L	R	F	D	T	N	Q
G	P	E	N	C	H	É	E	S	O
H	Q	O	D	O	R	B	D	P	K
C	P	B	É	U	A	A	É	A	I
H	U	L	L	T	P	Y	V	T	B
S	M	I	I	U	I	K	A	E	B
U	N	Q	B	R	N	I	L	L	O
B	W	U	É	E	A	B	É	I	U
Q	R	A	R	R	I	V	E	N	T
E	E	I	É	U	S	H	S	S	Z

ARRIVENT
COUTURER
DÉLIBÉRÉ
DÉVALÉES
KIBBOUTZ
OBLIQUAI
PATELINS
PENCHÉES
RAPINAIS

PUZZLE # 83

G	O	P	A	L	I	N	E	S	M
E	T	A	D	É	A	E	P	O	O
X	X	R	X	M	G	T	N	I	U
U	E	I	V	O	I	R	I	N	S
T	O	S	E	U	T	A	C	F	S
R	O	I	C	L	I	Î	K	U	A
P	R	E	W	U	O	N	E	S	I
P	K	N	B	E	N	I	L	E	S
B	J	X	T	S	S	E	Â	R	C
W	L	D	J	N	B	Z	T	A	L

AGITIONS ÉMOULUES INFUSERA
IVOIRINS MOUSSAIS NICKELÂT
OPALINES PARISIEN TRAÎNIEZ

PUZZLE # 84

B	A	A	N	T	H	B	S	I	M
N	Z	M	É	E	Z	R	L	C	T
R	N	A	V	N	S	U	O	R	U
T	Q	V	I	D	A	N	G	É	S
H	B	E	T	R	U	I	E	C	S
G	I	N	Â	A	C	R	U	H	O
U	V	T	T	I	E	A	S	A	R
K	W	U	E	T	R	I	E	I	E
O	A	R	S	F	A	P	S	S	S
W	A	É	I	L	I	H	L	A	F

AVENTURÉ
ÉVITÂTES
TENDRAIT
BRUNIRAI
LOGEUSES
TUSSORES
CRÉCHAIS
SAUCERAI
VIDANGÉS

PUZZLE # 85

H	S	V	K	L	Z	N	X	X	A
I	M	O	O	T	M	B	S	P	S
F	R	I	S	A	G	E	S	J	Z
K	U	G	R	A	T	I	N	E	S
J	E	N	V	O	L	I	E	Z	X
S	S	O	U	F	F	R	Î	T	K
M	R	R	A	B	A	N	T	E	R
D	S	A	L	P	Ê	T	R	A	D
B	U	I	O	D	E	R	A	I	S
C	S	T	U	D	I	E	U	X	Q

ENVOLIEZ	FRISAGES	GRATINES
IGNORAIT	IODERAIS	RABANTER
SALPÊTRA	SOUFFRÎT	STUDIEUX

PUZZLE # 86

U	I	G	É	R	O	N	D	I	F
Q	P	T	E	N	D	R	E	T	É
R	P	B	R	D	C	J	P	K	R
V	E	R	R	E	R	A	I	S	I
G	N	V	H	G	A	R	O	C	A
I	S	F	F	E	M	H	A	F	L
T	A	D	É	B	E	C	T	É	E
G	N	M	Z	K	R	L	J	Q	S
M	T	B	A	L	A	Y	A	I	S
O	E	C	H	L	I	N	G	U	E

BALAYAIS	CHLINGUE	CRAMERAI
DÉBECTÉE	ERRERAIS	FÉRIALES
GÉRONDIF	PENSANTE	TENDRETÉ

PUZZLE # 87

J	K	N	T	T	Q	J	O	M	V
U	M	L	V	E	G	C	I	E	S
R	U	B	A	N	A	I	S	Z	S
A	T	O	C	J	L	N	U	Y	F
N	E	U	I	O	L	T	R	O	W
I	R	D	L	N	I	R	S	H	M
S	A	Â	L	Ç	U	A	È	W	X
M	I	M	A	Â	M	N	M	G	V
E	S	E	S	T	S	T	E	K	Q
J	B	S	K	K	V	N	S	M	H

BOUDÂMES	CINTRANT	ENJONÇÂT
GALLIUMS	MUTERAIS	RUBANAIS
SURSÈMES	URANISME	VACILLAS

PUZZLE # 88

A	I	E	M	B	O	U	R	R	E
N	É	T	A	M	A	S	S	E	C
K	F	É	L	I	C	I	T	É	O
M	A	Y	A	V	B	E	K	P	N
S	R	A	X	X	E	U	T	H	C
I	C	I	A	C	D	O	K	É	E
W	E	S	I	U	H	J	M	M	R
B	U	D	S	S	Z	C	F	È	N
V	S	É	C	A	C	H	E	R	A
S	E	S	C	I	O	T	T	E	S

CONCERNA
ÉCACHERA
EMBOURRE
ÉPHÉMÈRE
ÉTAMASSE
FARCEUSE
FÉLICITÉ
MALAXAIS
SCIOTTES

PUZZLE # 89

Q	É	G	L	A	S	S	D	N	R
A	B	A	A	C	A	K	R	O	Z
K	R	U	M	C	I	L	E	U	R
Y	A	F	P	É	S	N	T	A	U
L	I	R	I	D	I	É	E	S	S
P	S	O	S	A	R	D	R	S	A
S	A	I	T	N	E	K	C	E	W
N	I	R	E	T	Z	S	É	S	B
S	M	A	L	T	Â	T	E	S	T
P	M	E	S	D	E	I	E	Q	A

ACCÉDANT
ÉBRAISAI
GAUFROIR
IRIDIÉES
LAMPISTE
MALTÂTES
NOUASSES
RETERCÉE
SAISIREZ

PUZZLE # 90

C	C	M	S	P	P	V	S	H	P
I	D	S	G	U	C	E	X	A	B
Y	Y	O	R	R	A	I	D	N	A
D	M	U	É	G	S	L	É	C	B
W	N	L	T	E	E	L	S	H	R
Q	U	E	R	A	R	E	O	I	A
R	W	V	A	N	N	U	R	E	S
L	P	A	C	T	A	R	B	Z	A
C	B	S	T	N	S	W	E	Y	N
T	A	N	A	P	Y	I	S	N	T

ABRASANT
CASERNAS
DÉSORBES
HANCHIEZ
PURGEANT
RÉTRACTA
SOULEVAS
VANNURES
VEILLEUR

PUZZLE # 91

U	D	Y	Z	Z	X	C	M	Z	Q
J	É	R	Y	B	M	Q	N	I	Q
É	B	A	U	D	I	R	A	I	W
B	A	R	Y	É	A	L	X	P	S
A	L	M	Â	T	I	N	A	I	S
U	L	G	R	E	F	F	A	G	E
C	E	G	A	R	A	N	T	E	S
H	R	O	A	G	W	L	A	L	N
Â	J	A	S	E	R	O	N	S	A
T	W	C	H	A	P	A	R	D	A

CHAPARDA
ÉBAUCHÂT
GREFFAGE
DÉBALLER
ÉBAUDIRA
JASERONS
DÉTERGEA
GARANTES
MÂTINAIS

PUZZLE # 92

D	C	M	A	C	H	E	T	T	E
L	D	W	C	K	Q	D	U	É	Y
S	O	E	U	S	S	I	O	N	S
A	M	P	L	E	U	R	S	È	A
I	I	W	T	X	R	N	Z	B	S
N	N	P	I	Y	E	Y	P	R	S
B	A	Z	V	F	A	C	D	E	E
O	N	R	E	M	R	T	T	S	U
I	T	A	Z	D	K	M	P	Q	S
S	A	B	O	U	L	A	S	B	E

AMPLEURS	CULTIVEZ	DOMINANT
EUSSIONS	MACHETTE	SABOULAS
SAINBOIS	SASSEUSE	TÉNÈBRES

PUZZLE # 93

N	S	R	Q	É	B	T	É	A	R
C	I	U	I	B	Â	T	T	P	M
Q	T	G	R	A	C	I	A	I	S
B	O	E	H	U	L	S	M	A	U
P	T	I	A	B	I	A	E	U	I
X	C	N	B	I	O	I	R	L	F
B	P	D	I	R	N	E	A	A	E
O	X	R	L	A	S	N	S	I	R
M	O	E	L	I	E	T	P	T	E
Q	B	Z	A	W	O	Z	K	M	Z

BÂCLIONS ÉBAUBIRA ÉTAMERAS
GEINDREZ GRACIAIS PIAULAIT
RHABILLA SUIFEREZ TISAIENT

PUZZLE # 94

D	É	D	I	R	I	E	Z	P	S
O	R	I	N	G	U	E	R	L	Z
T	Z	M	P	V	S	P	Q	A	T
E	G	A	M	L	P	L	L	N	E
R	R	G	H	X	X	A	Q	E	R
I	O	E	B	E	Z	S	G	U	R
E	C	R	G	G	N	T	J	R	I
Z	C	A	M	É	L	I	A	S	F
I	H	S	N	J	K	C	J	B	I
D	H	I	M	P	O	S	E	R	A

CAMÉLIAS	DÉDIRIEZ	DOTERIEZ
IMAGERAS	IMPOSERA	ORINGUER
PLANEURS	PLASTICS	TERRIFIA

PUZZLE # 95

E	A	P	K	I	V	A	A	J	D
L	C	L	A	B	O	T	E	Z	J
M	C	O	J	C	I	T	R	H	H
Q	O	M	O	Z	S	E	É	N	N
J	I	B	U	I	I	N	É	Z	F
W	N	E	T	H	N	T	C	B	A
I	T	R	A	W	E	E	R	D	I
Y	É	A	N	W	Z	Z	I	H	J
U	R	E	T	R	O	U	V	E	A
S	M	A	N	O	Q	U	E	Z	C

ACCOINTÉ
AJOUTANT
ATTENTEZ
CLABOTEZ
MANOQUEZ
PLOMBERA
RÉÉCRIVE
RETROUVE
VOISINEZ

PUZZLE # 96

N	P	E	S	P	R	A	E	U	V
I	T	C	B	Z	T	S	H	Q	B
W	A	N	D	É	S	I	T	E	X
T	M	P	É	R	I	N	É	A	L
A	D	É	S	E	R	T	A	I	Q
H	J	R	A	C	O	N	T	A	I
X	O	B	S	T	I	N	E	R	X
P	O	D	A	I	R	E	S	I	W
S	A	P	L	O	I	E	R	A	S
R	V	C	O	N	T	A	G	E	S

ANDÉSITE	CONTAGES	DÉSERTAI
ÉRECTION	OBSTINER	PÉRINÉAL
PLOIERAS	PODAIRES	RACONTAI

PUZZLE # 97

A	T	A	M	Z	D	N	B	Y	U
L	K	T	U	U	B	W	Q	O	H
G	O	A	B	R	A	S	O	N	S
A	C	C	O	L	I	E	Z	U	U
V	É	N	U	M	É	R	Â	T	B
A	C	V	I	D	I	M	E	N	T
C	B	Ê	L	A	S	S	E	S	D
H	F	F	L	O	U	S	O	N	S
E	X	Q	Î	J	B	D	G	H	Z
S	D	O	T	È	R	E	N	T	K

ABRASONS
ACCOLIEZ
BÊLASSES
BOUILLÎT
DOTÈRENT
ÉNUMÉRÂT
FLOUSONS
GAVACHES
VIDIMENT

PUZZLE # 98

P	A	S	U	R	G	I	R	A	S
A	J	R	É	G	L	E	R	E	Z
L	S	U	R	V	O	L	E	Z	W
P	A	U	M	Â	T	E	S	G	T
E	Y	O	A	M	T	F	B	I	Q
U	Q	P	É	D	A	L	A	I	S
R	V	N	U	C	L	É	É	E	S
S	D	A	T	T	E	R	R	E	R
K	I	K	P	U	R	M	C	M	R
R	V	N	I	X	B	E	L	R	G

ATTERRER GLOTTALE NUCLÉÉES
PALPEURS PAUMÂTES PÉDALAIS
RÉGLEREZ SURGIRAS SURVOLEZ

PUZZLE # 99

K	Y	L	Q	M	A	U	K	N	P
R	R	K	T	N	W	J	S	Q	Y
S	É	O	D	L	D	K	I	H	G
M	T	G	É	M	I	R	O	N	S
K	A	T	O	I	S	A	S	S	E
J	L	É	M	É	C	H	O	N	S
Y	I	D	É	P	U	T	A	I	S
R	È	T	E	S	T	A	B	L	E
Y	R	A	C	I	É	R	I	E	S
P	E	R	M	I	S	E	S	F	O

ACIÉRIES DÉPUTAIS DISCUTÉS
ÉMÉCHONS ÉTALIÈRE GÉMIRONS
PERMISES TESTABLE TOISASSE

PUZZLE # 100

X	A	B	Z	Y	M	B	T	N	K
D	É	N	I	A	I	S	E	V	G
É	C	S	O	U	S	C	R	I	T
P	A	O	W	S	E	R	K	N	O
E	R	U	K	C	I	A	Y	O	U
N	T	P	K	U	M	C	J	S	S
S	I	I	J	L	S	H	A	I	S
A	E	R	F	T	K	O	L	T	A
S	Z	É	R	E	X	T	L	É	I
Y	C	S	Y	S	Z	É	K	X	T

AUSCULTE	CRACHOTÉ	DÉNIAISE
DÉPENSAS	ÉCARTIEZ	SOUPIRÉS
SOUSCRIT	TOUSSAIT	VINOSITÉ

SOLUTIONS

Puzzle #1

		A	C	C	O	U	T	R	E
		C	H	O	L	É	R	A	S
		A	D	M	E	T	T	R	A
	P	E	R	M	U	T	E	Z	
		P	E	U	R	E	U	S	E
		S	Y	N	D	R	O	M	E
	D	É	P	I	Q	U	É	E	
P	R	É	S	E	R	V	A		

Puzzle #2

	R	É	P	U	D	I	E	R	
		D	É	R	É	G	L	A	I
D	E	N	T	Ô	L	A	N	T	
É		A	R	G	I	L	A	C	É
P		P	I	S	S	Â	M	E	S
R	É	A	L	I	S	Â	T		
Î		P	A	L	A	N	C	R	A
T					S				
E									
S									

Puzzle #3

E	L	A	R	G	E	U	R	S	T
N					N			R	O
C					T		V	E	U
H	O	C	H	E	R	A	I	D	R
É					A		O	I	B
R					I		L	R	I
I					D		O	I	E
E					E		N	E	R
	M	U	S	A	R	D	E	Z	
B	A	T	T	E	U	R	S		

Puzzle #4

É	C	H	A	U	M	E	S		
G		R	E	V	E	R	S	Â	T
R						O			
U		M	A	C	Q	U	O	N	S
G	C	O	N	D	U	I	R	A	
E	P	A	U	M	E	R	E	Z	
N						O			
T	R	I	P	L	E	N	T		
		H	I	M	A	T	I	O	N

Puzzle #5

									L
		E	N	S	E	I	G	N	É
	T	U	E	-	L	O	U	P	G
	É	C	H	A	U	M	E	R	I
								O	S
	B	R	Û	L	A	G	E	S	T
								P	E
		P	R	É	F	A	C	É	S
		B	R	O	S	S	E	R	A
		É	C	O	N	O	M	A	T

Puzzle #6

		S	É	D				É	
		O	P	É	C			C	
		Û	A	L	A	S	M	O	P
		L	M	I	L	U	E	S	O
		A	P	C	M	P	M	S	M
		R	R	A	I	P	B	O	M
		D	É	T	O	U	R	N	A
		S	S	S	N	R	U	S	S
					S	E	R		S
						S	E		E

Puzzle #7

									R
		A	F	F	É	A	G	É	E
F	E	N	S	A	C	H	É	S	C
U				B					U
M	T	O	U	R	I	E	R	S	L
I				È					E
V				G					N
O		F	R	E	T	T	A	N	T
R	U	M	I	N	A	I	T		
E	M	U	L	T	I	P	L	E	

Puzzle #8

		A	R	C	H	I	P	E	L
		P	E	L	U	C	H	A	I
		É	P	I	P	L	O	O	N
		A	N	É	M	I	E	N	T
		P	L	A	N	Q	U	É	E
		S	U	Ç	O	T	E	R	A
		D	E	S	C	E	N	D	U
		P	I	E	R	R	E	U	X

Puzzle #9

		C	A	N	A	R	D	Â	T
							É	L	
			D	A	V	A	G	A	E
			O	Z	O	M	L	B	N
			M	O	I	A	U	O	C
			A	T	L	R	E	U	E
			N	É	I	I	N	R	N
		P	I	M	E	N	T	É	S
			A	I	R	A		S	A
			L	E	S	S			S

Puzzle #10

	D	É	M	O	N	T	E	Z	
	É	E	M	P	A	R	A	I	T
	F		Â						
	I		T						
	E	F	E	I	G	N	A	N	T
	R	É	R	O	G	È	N	E	S
	A	F	O	S	S	O	I	E	S
	S	O	N	G	E	O	N	S	
	I	N	S	I	P	I	D	E	

Puzzle #11

N	O	M	A	D	I	S	A	M	R
							C	A	O
	J			A			I	L	S
	A			N			S	A	Â
	C	R	A	D	È	R	E	N	T
	T			A			L	D	R
	E			L			A	R	E
	R			O			I	E	S
R	E	M	E	U	B	L	É		
	Z	R	É	S	I	G	N	Â	T

Puzzle #12

	É	M	A	S	C	U	L	A	
		E	N	S	A	B	L	Â	T
		C	A	L	M	E	R	E	Z
		R	É	A	P	P	R	Î	T
	C	A	B	R	I	O	L	E	
		É	M	I	N	C	É	E	S
R	A	C	L	A	G	E	S		
P	E	N	T	O	S	E	S		

Puzzle #13

		R	A	Y	E	R	O	N	T
E	N	F	L	Â	T	E	S		
H	A	B	I	T	U	É	E		
		R	É	P	U	D	I	A	S
		E	N	G	L	U	A	N	T
		T	O	I	-	M	Ê	M	E
		E	N	T	O	N	N	A	I
	D	É	S	I	R	O	N	S	

Puzzle #14

N		F	A	I	L	L	I	E	Z
É	T	O	N	N	A	I	T		
V	S	E	N	T	I	R	E	Z	
R		F	E	N	D	A	G	E	S
O			X						
S		R	I	S	S	O	L	Â	T
E		T	O	N	N	I	O	N	S
S		E	N	F	U	Î	T	E	S

Puzzle #15

		D	A	R	D	Â	T	E	S
		É	C	A	N	G	U	É	E
		R	I	C	O	C	H	E	R
		R	E	N	V	I	D	A	I
		F	L	A	N	D	R	I	N
		R	É	A	S	S	U	R	A
		A	I	L	L	E	R	A	I
		E	M	P	L	O	Y	É	S

Puzzle #16

P	A	L	E	T	T	A	S		
	M								
D	É	C	I	N	T	R	E	B	F
	N	E	X	P	U	L	S	A	I
	A				M			G	L
	G				É			U	M
	É				F			E	I
	E				I			R	Q
B	Ê	L	E	R	A	I	T	A	U
A	V	I	L	I	S	S	E	S	E

Puzzle #17

	G								
H	A	C	H	E	R	A	S		
D	É	I	F	I	A	I	S		
	L	N							
	I	C	O	L	L	E	R	E	Z
	Q	E	N	G	O	U	L	E	Z
	U	N							
	E	D	É	M	O	U	L	A	S
É	L	I	D	Â	M	E	S		
	P	É	C	L	O	T	E	R	

Puzzle #18

		I	S	L	A	M	I	S	É
	E	M	B	A	R	R	E	Z	
	A	P	P	É	T	E	R	A	
B	O	U	I	L	L	I	S		
		D	É	S	O	B	É	Î	T
		E	S	C	O	R	T	A	S
C	O	N	C	É	D	É	S		
	É	T	A	M	Â	M	E	S	

Puzzle #19

		S	É			C	P		
		A	C			L	O	F	
		B	O			Ô	I	A	V
		O	S			T	L	R	E
		R	S			U	Â	D	R
		D	É	P	O	R	T	A	S
		É	E			É	E	S	E
		S	S			S	S	S	U
	C	H	A	M	E	L	L	E	R
		E	N	G	R	A	V	A	S

Puzzle #20

			D						
		D	É	C	O	C	H	É	S
		E	G	S		J	T	C	D
		S	O	N	N	E	R	A	I
		C	N	I		R	I	M	S
		A	D	F		R	E	P	S
		R	A	F		I	R	A	O
		B	S	É		C	O	N	N
		O		E		A	N	E	E
		T		S		N	S	S	Z

Puzzle #21

B	O	R	D	A	G	E	S	P	
M	É		É					O	D
O	Q		G					L	É
I	U	M	E	S	U	R	A	I	S
R	I		R					S	I
U	P		M					S	R
R	A		A					E	A
E	N	V	I	A	B	L	E	Z	I
S	T	V	O	T	E	R	O	N	S

Puzzle #22

									D
									É
		G	R	I	N	G	U	Â	T
C	É	M	E	N	T	É	E		E
B	R	I	F	E	R	A	S		C
				X					T
	I	N	H	A	B	I	L	E	E
D	É	P	I	C	A	G	E		Z
	R	O	U	T	I	N	E	S	
		P	O	S	T	I	C	H	E

Puzzle #23

B				G					
R		M	A	R	G	I	N	E	Z
U	S	C	H	E	I	D	E	R	
I		R	E	F	R	É	N	Â	T
R		E	F	F	E	C	T	U	A
I	C	A	M	O	U	F	L	É	
E	X	A	M	I	N	A	S		
Z		V	I	R	A	I	E	N	T

Puzzle #24

	J	A	B	O	T	E	R	A	
		C	O	N	C	I	L	E	S
		C	U	I	S	S	E	A	U
	S	U	C	E	R	O	N	T	
		M	A	R	G	O	T	E	Z
	D	É	N	U	E	R	A	I	
		R	E	B	O	I	S	A	I
	B	I	Z	U	T	E	R	A	

Puzzle #25

D	R	I	B	B	L	E	R		
I	F	B				P	G		
A	I	R		Q		A	O		
P	G	É		U		V	M		
R	E	S		A		O	M		
I	Â	I		R		I	E		
E	M	L		T		S	U		
Z	E	L	L	I	G	E	S		
	S	É		D		R	E		
T	A	N	N	I	Q	U	E		

Puzzle #26

						D			
P		D	D	C		É			
A	D	É	É	H		V	B		
R	É	C	L	A	M	E	R		
U	N	O	A	U		R	I		
L	E	R	T	V		S	L		
I	R	D	T	I		E	L		
E	V	A	E	E		Z	A		
S	E	I	Z	S			N		
	S	É	R	E	I	N	T	E	R

Puzzle #27

					D			J	N
		R	T		É	M		O	O
		E	I		P	Ê	F	U	R
		C	N		A	L	A	E	M
		O	S		Y	E	Ç	R	A
		U	S		S	R	O	O	L
		P	I	G	E	O	N	N	E
		É	E		S	N	N	S	S
		E	Z			T	É		
	C	A	L	O	T	T	E	Z	

Puzzle #28

	F								
	U	B	R	U	N	Â	T	R	E
	S	L	E	C	T	E	U	R	S
	E	A	M	B	L	E	R	E	Z
	R	G	É	O	T	R	U	P	E
	O		M						
	N	H	O	U	P	P	E	N	T
	S	E	R	V	A	G	E	S	
		C	A	S	A	Q	U	E	S

Puzzle #29

E	X	E	R	Ç	A	N	T		
M	Y	N	E		R	A	A		R
B	L	T	V		R	V	N		E
R	I	R	I		I	I	G		P
A	D	O	V		M	G	U		A
I	I	Q	A		E	U	I		V
E	N	U	I		N	A	E		A
S	E	E	S		T	I	Z		I
									T

Puzzle #30

		A	P	A	G	O	G	I	E
	V	E	N	D	A	N	G	E	
E				H			M		L
N				É			É		I
L		C	A	S	S	Â	T	E	S
A				I			I		S
I				O			S		I
D				N			S		E
I	D	É	F	U	N	T	E	S	R
R	E	P	E	N	T	I	R		S

Puzzle #31

	V	A	I	N	C	U	E	S	
		O	R	N	A	S	S	E	S
D	I	N	D	O	N	N	É		
		H	U	M	O	R	A	L	E
		P	A	N	T	E	L	E	R
E	X	U	L	T	A	I	T		
S	L	E	E	P	I	N	G		
		L	A	S	S	Â	M	E	S

Puzzle #32

							B		
	P	E	I	N	E	R	A	I	
	R	F	R	D	D	H	T		
	E	O	E	É	E	U	T		
	N	U	M	L	S	L	I		
	V	R	A	O	S	U	S		
	I	N	N	G	I	L	S		
	D	É	G	E	L	I	E	Z	
	A	E	E	Â	L	E			
	S	S	S	T	É	Z			

Puzzle #33

		S				R		G	
		U				E	O	Ê	L
		R	F	V	C	M	L	N	I
		P	R	I	A	P	É	E	S
		A	U	E	L	O	I	U	É
		Y	S	I	E	T	Q	S	R
		E	T	L	T	É	U	E	A
		R	R	L	O	E	E	S	G
			E	I	N		S		E
			Z	T	S				

Puzzle #34

M	D	O	D	E	L	I	N	É	
E	O	G	R	A	N	I	T	A	I
X	U		A			C			
I	T		I			R			
C	E		N			E			
A	R	P	E	R	F	U	S	Â	T
I	A		N			S			
N	S		T			E			
		I	N	A	L	T	É	R	É
	T	A	N	N	I	S	E	Z	

Puzzle #35

									D
B	A	D	I	N	A	I	T		É
	B	A	T	T	Î	M	E	S	P
						P			A
	É	N	U	M	É	R	É	E	Y
		V	O	U	L	I	O	N	S
	C	O	S	S	Â	M	E	S	E
F	Â	C	H	Â	T	E	S		R
		R	A	V	I	S	O	N	S

Puzzle #36

	A	U	T	O	P	S	I	E	
		B	I	T	T	U	R	A	I
		M	O	Z	A	B	I	T	E
		R	E	C	R	U	T	Â	T
		D	É	P	O	L	L	U	É
		R	É	T	R	É	C	I	T
	C	H	A	R	G	E	N	T	
		M	É	F	A	S	S	E	S

Puzzle #37

									F
	M	A	C	Q	U	É	E	S	R
						Q			I
	I	M	P	R	O	U	V	A	T
	B	I	T	U	M	I	N	A	T
		D	I	L	A	P	I	D	A
	C	R	É	O	S	O	T	É	I
C	H	A	B	L	A	N	T		S
		D	A	M	A	S	S	E	Z

Puzzle #38

D	C								
É	O	D	I	A	S	T	O	L	E
G	U	I	G	N	E	R	A		
L	R	S	O	N	G	I	O	N	S
A	R	T	R	U	Q	U	E	U	R
C	I	A	M	E	U	T	A	N	T
E	E	N							
R	R	Ç							
		À	L	A	T	E	R	N	E

Puzzle #39

	S	I	N	F	U	S	I	E	Z
	É		R	T		C	P		
	G	D	E	A	I	H	L		
	R	É	S	I	N	E	U	X	
	É	R	S	L	T	I	C		
	G	A	E	L	R	D	H		
	É	I	R	E	I	E	E		
	E	E	R	U	Q	Z	U		
		R	E	R	U		X		
		A			E				

Puzzle #40

	A	P	I	T	O	Y	Â	T	
	M	A	N	G	E	L	O	T	S
	É	R		É		M	H		O
	N	E		M		O	I		U
	A	N		I		N	V		T
	G	A	G	N	Â	T	E	S	I
	E	U		O		A	R		E
	R	D		N		N	N		N
		A		S		T	A		S
		I				E	I		

Puzzle #41

									I
	T	R	I	P	L	U	R	E	N
	W	F			É	S	T	C	F
	I	I			C	I	U	L	E
	S	B	É	G	O	N	I	A	S
	T	R			U	I	L	V	T
	A	A			R	È	E	E	E
	I	N			T	R	R	T	Z
	T	N			E	E	I	T	
		E			R		E	A	

Puzzle #42

	B	N						É	
	Â	A	B	Y	S	S	I	N	S
S	T	R	I	Q	U	É	E	I	I
H	A	R				C		E	G
O	S	Â				L		L	N
O	S	T				A		L	Â
T	E	E				I		É	T
O	S	S				R		E	E
N						Â			S
S		S	É	D	I	T	I	O	N

Puzzle #43

S	C	A	N	D	É	E	S		
I	A	L	L	É	L	U	I	A	
S	R	E	Q	U	Ê	T	E	S	
M	B	L	A	F	A	R	D	E	
A	U								
L	R	E	G	A	G	N	Â	T	
E	A	É	R	E	R	A	I	S	
S	I	N	I	T	I	É	E	S	

Puzzle #44

	G	À	-	P	R	O	P	O	S
	E	F	U	S	E	R	O	N	T
	N					L			R
	I					A			I
	È					B			C
	V					O			T
	R	E	S	S	O	U	C	H	E
	E	N	C	A	D	R	Â	T	S
C	A	P	T	E	R	A	I		
		F	O	R	L	I	G	N	A

Puzzle #45

N	I	D	A	T	I	O	N		
E	N	J	O	U	A	I	S		
	S	A	C	Q	U	I	E	Z	
	É	G	R	U	G	E	A	S	
	R	E	J	E	T	T	E	S	
	A	M	U	Ï	R	E	N	T	
T	I	S	E	R	O	N	T		
	T	R	A	D	U	I	T	S	

Puzzle #46

B	R	É	S	U	L	T	É	E	
R	E	S	C	R	I	T	S		
I	P	N		F	P			M	
L	E	U		L	A			A	
L	R	A	M	A	R	R	É	S	
O	C	N		S	F			S	
N	E	Ç		H	I			I	
S	S	O		A	L			V	
		N		I	A			E	
		S		S	I			S	

Puzzle #47

D	É	V	A	S	T	E	S		
É	R	A	F	L	É	E	S		I
R	O					B			N
A	N	D	É	B	L	A	Y	É	S
I	F	L	Û	T	I	S	T	E	P
S	L					-			E
O	O					C			C
N	N					Ô			T
	S					T			É
E	N	C	A	D	R	É	S		

Puzzle #48

	O	S	T	R	O	G	O	T	
		A							D
F	O	U	I	N	O	N	S	D	É
		M						É	L
B	O	U	D	Â	T	E	S	C	O
P	E	R	G	O	L	A	S	O	Q
		A						U	U
		S	C	I	S	S	I	L	E
								Â	R
		M	O	R	D	A	N	T	S

Puzzle #49

									F
									O
R	E	D	I	R	O	N	T		U
	D	É	F	E	U	T	R	É	R
		R							R
	J	A	B	L	E	R	E	Z	I
		S	E	I	Z	I	È	M	E
F	L	A	U	P	A	I	S		R
V	E	N	D	E	T	T	A		
		T	A	U	P	I	E	R	S

Puzzle #50

D	É	G	R	E	V	A	S		D
	B	A	F	O	U	É	E	S	É
S	I	N	É	C	U	R	E		G
		V	I	S	I	O	N	N	A
	A	R	A	S	A	S	S	E	Z
C	A	P	I	S	T	O	N		É
	M	É	T	H	Y	L	E	S	E
						S			S

Puzzle #51

A		F		A					
T		L		V				G	O
T		I		A	É			O	O
A		N		N	P			N	S
C	O	G	I	T	O	N	S	D	P
H		U		A	U			Â	H
A		A		G	M			T	È
I		I		E	O			E	R
		F	E	I	N	T	I	S	E
	O	M	B	R	E	L	L	E	

Puzzle #52

		L	I	R	A	I	E	N	T
C	L	A	M	E	R	A	I	P	
			M	R				L	L
			I	O				A	U
			G	U				C	T
			R	L				I	T
		P	E	U	P	L	A	D	E
			Z	R				E	U
P	R	U	N	E	L	É	E	S	S
R	A	M	A	S	S	Â	T		E

Puzzle #53

P	L	U	R	I	E	L	S		
A	C	C	A	B	L	E	Z		
V	E	R	D	I	R	A	I		
E	N	G	L	U	É	E	S		
R	E	T	E	R	S	E	S		
A	N	N	U	L	O	N	S		
I	N	F	A	T	U	A	I		
T	A	N	G	U	A	N	T		

Puzzle #54

								R	
					C			A	F
P	I	A	S	S	A	V	A	F	A
N	U	R	A	G	H	E	S	F	U
		R	E	V	O	U	L	Û	T
E	X	E	M	P	T	É	E	T	I
M	O	R	F	L	E	N	T	A	O
D	É	B	O	G	U	É	E	I	N
					X				S

Puzzle #55

		T			J	D	F		
		E			O	O	R		
	E	M	B	R	U	N	I	E	
	N	P	A	É	I	A	P	X	
	F	O	R	I	S	T	Â	P	
	I	R	A	T	S	I	M	U	
	È	E	T	É	I	O	E	R	
	V	L	T	R	F	N	S	G	
	R		Â	Â				É	
	E		T	T				S	

Puzzle #56

R	E	B	U	T	E	N	T		
		F	I	A	N	Ç	A	I	T
	D	É	L	A	V	O	N	S	
C	H	O	Q	U	E	R	A		
L	Â	C	H	E	R	A	S		
		M	E	U	G	L	E	R	A
	B	A	Q	U	E	T	E	R	
R	E	B	O	I	S	E	S		

Puzzle #57

M	É	G	O	T	A	I	S		
	T								
	I	N	T	É	G	R	É	S	
E	N	J	U	I	V	E	Z	O	
	C							N	
	E							G	
	L	E	N	C	A	V	I	E	Z
	É	M	O	U	C	H	A	R	D
		D	É	B	A	N	D	E	S
	P	É	C	H	E	R	E	Z	

Puzzle #58

		V	O	I	S	I	N	É	S
E	M	M	E	N	A	I	S		
		P	A	T	E	N	T	Â	T
R	A	P	P	E	L	Â	T		
R	E	M	A	N	I	A	S		
		R	O	T	A	T	I	V	E
B	R	Û	L	Â	M	E	S		
	P	A	C	T	I	S	E	S	

Puzzle #59

				E					
	R	E	R	N			G		
T	E	N	E	T	M	A	O		
O	F	C	C	E	Ê	M	Û		
R	L	U	T	N	L	B	T		
D	É	V	I	D	E	R	A		
Î	T	E	F	R	R	A	S		
M	Â	N	I	E	A	S	S		
E	T	T	E		I	S	E		
S					S	E			

Puzzle #60

									A
		A	F	F	I	L	I	E	S
	P	É	A	J	D			É	S
	R	T	R	E	É			V	U
	Y	R	I	T	P			I	M
	T	E	N	A	I	E	N	T	O
	A	I	E	B	T			E	N
	N	N	R	L	É			R	S
	É	T	A	E	E			A	
	E	S		S	S			S	

Puzzle #61

			D					C	D
			Î	É	D			O	I
		E	N	V	E	R	G	U	A
		N	E	A	S	E	O	I	B
		F	U	S	T	T	U	N	È
		U	S	A	I	E	A	E	T
		Y	E	S	N	N	I	N	E
		O	S	S	Â	U	L	T	S
		N		E	T	E	L		
		S				S	A		

Puzzle #62

		T	A	B	A	G	I	E	S
	Q	U	A	R	R	A	N	T	
	C	O	G	I	T	I	E	Z	
	C	A	U	S	E	R	A	S	
		T	R	E	M	P	O	N	S
	R	E	F	U	S	E	R	A	
		V	E	R	S	E	R	A	I
	B	R	U	S	Q	U	E	R	

Puzzle #63

D	E	M	I	-	M	A	L		C
É	L	I	A	R	D	E	R	A	O
J	E	N	C	E	N	S	É	E	N
U	S	U	Ç	O	T	O	N	S	V
C	É	T	Ê	T	E	R	E	Z	I
H		E	N	L	I	G	N	É	E
E		N							R
R		T							A

Puzzle #64

				P			É	E	
		F		O	T	G	M	M	
		A	S	U	R	Â	I	M	
		S	C	L	I	T	E	U	
		C	H	A	P	I	T	R	É
		I	I	R	A	S	T	A	
		É	S	D	R	M	Â	I	
		E	M	E	T	E	T	S	
		S	E		I	S			
	L	I	S	S	E	U	S	E	

Puzzle #65

		C	É	L	É	B	R	A	I
	M	C	A	L	M	A	N	T	S
L	A					L		D	
É	N					L		R	
S	D					I		O	
I	I					O		P	
N	O	Y	È	R	E	N	T	P	
A	N	É	P	A	I	S	S	E	S
I	S	G	I	G	O	T	O	N	S
S								T	

Puzzle #66

B	O	U	L	E	T	T	E		
I	N	D	U	I	S	E	Z		
N	O	N	-	S	T	O	P		
E	N	J	Ô	L	A	I	T		
T	E	R	M	I	N	E	S		
T	R	A	N	S	I	R	A		
E	M	B	A	U	M	Â	T		
S	I	D	É	R	A	I	T		

Puzzle #67

	D	I	G	É	R	A	I	S	
	É	N	R	D	E	R	M	U	
	M	C	A	E	N	I	I	B	
	É	U	N	N	Â	D	T	J	
	R	R	I	T	C	I	Â	U	
	I	V	T	I	L	T	M	G	
	T	E	É	E	E	É	E	U	
	A	Z	E	Z	Z	S	S	A	

Puzzle #68

	S	E	P	T	U	P	L	É	
		R	A	E	C	Â	V	A	
	C	O	M	M	U	T	A	S	
		U	I	P	L	U	L	O	
		M	A	O	A	R	L	C	
		A	N	I	S	É	E	I	
		I	T	G	S	E	U	A	
		N	E	N	E	S	S	U	
		S	S	É	S		E	X	

Puzzle #69

			C			D	P		
		E	O	É		O	É		
	D	M	A	J	E	L	N		
	R	P	L	A	M	O	A		
	A	E	I	C	M	I	L		
	P	S	S	U	Ê	R	I		
P	A	T	E	L	L	E	S		
	S	A	S	A	A	S	A		
	S	I		I	I				
	E	P	A	N	T	H	É	O	N

Puzzle #70

A									
D	É	R	O	B	É	E	S		
O		G	A	G	N	E	R	A	S
N		D	É	L	U	T	E	N	T
N					C				
O	C	A	N	U	L	O	N	S	
N	N	U	C	L	É	O	N	S	
S		A	F	F	A	L	E	N	T
		M	O	U	I	L	L	E	S

Puzzle #71

		V	O	C	I	F	É	R	É
	P	R	O	H	I	B	E	R	
	D	I	V	A	G	U	A	I	
		T	E	R	S	Â	M	E	S
		T	O	M	A	S	S	E	S
		B	R	A	V	E	R	A	I
D	É	F	O	N	Ç	A	S		
		I	N	T	E	R	N	Â	T

Puzzle #72

		É	M	R			R		
		B	O	E	T	T	A	I	S
		R	T	F	I	D	G	E	
		A	T	I	R	É	R	N	
		N	Â	L	A	S	É	H	
		C	M	I	I	O	É	E	
		H	E	E	L	L	E	R	
		É	S	Z	L	E	S	B	
		M	O	D	É	R	I	E	Z
						A		S	

Puzzle #73

D	É	M	A	N	G	É	E		C
I	V	A		F	A	H			R
S	E	S		I	L	O			O
T	I	S		L	T	N			I
A	L	A		I	E	O			S
N	L	C	H	A	R	R	O	Y	A
C	Â	R		L	N	E			I
É	T	E		E	Â	R			S
				S	T	A			

Puzzle #74

									D
									R
C	O	N	G	A	Y	E	S		A
	S	O	L	D	Â	T	E	S	I
E	M	P	I	R	É	E	S		N
A	N	I	S	E	T	T	E		É
			S						E
		V	A	L	S	E	U	R	S
		E	N	D	Y	M	I	O	N
M	A	R	T	E	L	A	I		

Puzzle #75

		E		A	E			É	
	F	N		C	X			P	
	E	D		R	H	A		E	
	R	E	F	O	U	L	E	R	
	V	N		B	M	C		L	
	E	T		A	E	A		A	
	N	E		T	R	L		N	
	T	R		E	A	I		S	
	S	D	E	V	I	N	I	E	Z
A	P	P	A	R	I	E	Z		

Puzzle #76

	M	E	R	I	N	G	U	É	
		A	C	T	I	N	O	T	E
	D				J			I	
	É				A			O	
	C				P			L	
	L				P			I	
	A	P	A	T	E	N	T	E	Z
D	R	O	I	T	U	R	E	Z	
	É	R	O	U	S	S	I	E	S
	E	E	M	P	E	S	A	G	E

Puzzle #77

	R	É	C	U	S	A	I	S	
M	E	U	B	L	A	I	S		
E	B	R	A	N	C	H	Â	T	
U	U	A	R		C			A	
L	S	J	R		A			S	
Â	Q	U	É		D			S	
M	U	S	R		E			A	
E	E	T	A		R			G	
S	N	A	G					E	
	T	I	E					S	

Puzzle #78

					A	A			
		U			B	L	R		
D		N		F	O	L	A		C
É		I		A	N	O	B		H
B		F		M	N	G	I		A
E		L		E	I	È	O		D
C	R	O	Q	U	E	N	T		O
T		R		S	S	E	É		U
É		E		E			S		F
S		P	O	S	I	T	O	N	S

Puzzle #79

G	R	I	M	A	C	E	Z		
L	O	F	E	R	I	E	Z		
A		F							
I	N	O	D	O	R	E	S		
R	P	U	B	L	I	I	E	Z	
E	A	G	R	É	E	R	E	Z	
R		E	N	S	E	R	R	E	S
A		O							
B	E	N	Z	I	N	E	S		
		S							

Puzzle #80

		F	O	R	G	E	A	G	E
		M	O	D	I	L	L	O	N
	R	E	F	L	U	E	N	T	V
		E	L	D	O	R	A	D	O
		M	I	T	I	G	E	A	I
		P	E	C	T	O	R	A	L
		E	M	B	O	Î	T	É	E
		A	F	F	R	É	T	E	Z

Puzzle #81

D	É	J	E	T	A	N	T		
	B	R	E	L	L	É	E	S	
C	O	C	H	O	N	N	É	M	J
	R			F				Â	E
	G			F				T	Û
	N			R				È	N
	E			Î				R	A
	R	P	A	T	E	R	N	E	S
G	O	U	G	E	A	G	E	N	S
				S				T	E

Puzzle #82

	P	E	N	C	H	É	E	S	
		O	D	O	R		D	P	K
		B	É	U	A		É	A	I
		L	L	T	P		V	T	B
		I	I	U	I		A	E	B
		Q	B	R	N		L	L	O
		U	É	E	A		É	I	U
		A	R	R	I	V	E	N	T
		I	É		S		S	S	Z

Puzzle #83

	O	P	A	L	I	N	E	S	M
		A		É	A				O
		R		M	G	T	N	I	U
		I	V	O	I	R	I	N	S
		S		U	T	A	C	F	S
		I		L	I	Î	K	U	A
		E		U	O	N	E	S	I
		N		E	N	I	L	E	S
				S	S	E	Â	R	
						Z	T	A	

Puzzle #84

				T		B			
			É	E		R	L	C	T
		A	V	N	S	U	O	R	U
		V	I	D	A	N	G	É	S
		E	T	R	U	I	E	C	S
		N	Â	A	C	R	U	H	O
		T	T	I	E	A	S	A	R
		U	E	T	R	I	E	I	E
		R	S		A		S	S	S
		É			I				

Puzzle #85

F	R	I	S	A	G	E	S		
		G	R	A	T	I	N	E	S
	E	N	V	O	L	I	E	Z	
	S	O	U	F	F	R	Î	T	
		R	A	B	A	N	T	E	R
	S	A	L	P	Ê	T	R	A	
		I	O	D	E	R	A	I	S
	S	T	U	D	I	E	U	X	

Puzzle #86

		G	É	R	O	N	D	I	F
		T	E	N	D	R	E	T	É
	P				C				R
	E	R	R	E	R	A	I	S	I
	N				A				A
	S				M				L
	A	D	É	B	E	C	T	É	E
	N				R				S
	T	B	A	L	A	Y	A	I	S
	E	C	H	L	I	N	G	U	E

Puzzle #87

U	M		V	E	G	C			
R	U	B	A	N	A	I	S		
A	T	O	C	J	L	N	U		
N	E	U	I	O	L	T	R		
I	R	D	L	N	I	R	S		
S	A	Â	L	Ç	U	A	È		
M	I	M	A	Â	M	N	M		
E	S	E	S	T	S	T	E		
		S					S		

Puzzle #88

		E	M	B	O	U	R	R	E
	É	T	A	M	A	S	S	E	C
	F	É	L	I	C	I	T	É	O
	A		A					P	N
	R		X					H	C
	C		A					É	E
	E		I					M	R
	U		S					È	N
	S	É	C	A	C	H	E	R	A
	E	S	C	I	O	T	T	E	S

Puzzle #89

	É	G	L	A	S			N	
	B	A	A	C	A		R	O	
	R	U	M	C	I		E	U	
	A	F	P	É	S		T	A	
	I	R	I	D	I	É	E	S	
	S	O	S	A	R		R	S	
	A	I	T	N	E		C	E	
	I	R	E	T	Z		É	S	
	M	A	L	T	Â	T	E	S	

Puzzle #90

				P		V		H	
		S		U	C	E		A	
		O	R	R	A	I	D	N	A
		U	É	G	S	L	É	C	B
		L	T	E	E	L	S	H	R
		E	R	A	R	E	O	I	A
		V	A	N	N	U	R	E	S
		A	C	T	A	R	B	Z	A
		S	T		S		E		N
			A				S		T

Puzzle #91

	D								
	É								
É	B	A	U	D	I	R	A		
B	A			É					
A	L	M	Â	T	I	N	A	I	S
U	L	G	R	E	F	F	A	G	E
C	E	G	A	R	A	N	T	E	S
H	R			G					
Â	J	A	S	E	R	O	N	S	
T		C	H	A	P	A	R	D	A

Puzzle #92

		M	A	C	H	E	T	T	E
	D		C					É	
S	O	E	U	S	S	I	O	N	S
A	M	P	L	E	U	R	S	È	A
I	I		T					B	S
N	N		I					R	S
B	A		V					E	E
O	N		E					S	U
I	T		Z						S
S	A	B	O	U	L	A	S		E

Puzzle #93

				É	B		É		
				B	Â	T	T	P	
		G	R	A	C	I	A	I	S
		E	H	U	L	S	M	A	U
		I	A	B	I	A	E	U	I
		N	B	I	O	I	R	L	F
		D	I	R	N	E	A	A	E
		R	L	A	S	N	S	I	R
		E	L			T		T	E
		Z	A						Z

Puzzle #94

D	É	D	I	R	I	E	Z	P	
O	R	I	N	G	U	E	R	L	
T		M				P		A	T
E		A				L		N	E
R		G				A		E	R
I		E				S		U	R
E		R				T		R	I
Z	C	A	M	É	L	I	A	S	F
		S				C			I
		I	M	P	O	S	E	R	A

Puzzle #95

	A	P			V	A			
	C	L	A	B	O	T	E	Z	
	C	O	J		I	T	R		
	O	M	O		S	E	É		
	I	B	U		I	N	É		
	N	E	T		N	T	C		
	T	R	A		E	E	R		
	É	A	N		Z	Z	I		
	R	E	T	R	O	U	V	E	
	M	A	N	O	Q	U	E	Z	

Puzzle #96

	A	N	D	É	S	I	T	E	
		P	É	R	I	N	É	A	L
	D	É	S	E	R	T	A	I	
		R	A	C	O	N	T	A	I
	O	B	S	T	I	N	E	R	
P	O	D	A	I	R	E	S		
		P	L	O	I	E	R	A	S
		C	O	N	T	A	G	E	S

Puzzle #97

G		A	B	R	A	S	O	N	S
A	C	C	O	L	I	E	Z		
V	É	N	U	M	É	R	Â	T	
A		V	I	D	I	M	E	N	T
C	B	Ê	L	A	S	S	E	S	
H		F	L	O	U	S	O	N	S
E			Î						
S	D	O	T	È	R	E	N	T	

Puzzle #98

P		S	U	R	G	I	R	A	S
A		R	É	G	L	E	R	E	Z
L	S	U	R	V	O	L	E	Z	
P	A	U	M	Â	T	E	S		
E					T				
U		P	É	D	A	L	A	I	S
R		N	U	C	L	É	É	E	S
S		A	T	T	E	R	R	E	R

Puzzle #99

	É				D				
	T	G	É	M	I	R	O	N	S
	A	T	O	I	S	A	S	S	E
	L	É	M	É	C	H	O	N	S
	I	D	É	P	U	T	A	I	S
	È	T	E	S	T	A	B	L	E
	R	A	C	I	É	R	I	E	S
P	E	R	M	I	S	E	S		

Puzzle #100

D	É	N	I	A	I	S	E	V	
É	C	S	O	U	S	C	R	I	T
P	A	O		S		R		N	O
E	R	U		C		A		O	U
N	T	P		U		C		S	S
S	I	I		L		H		I	S
A	E	R		T		O		T	A
S	Z	É		E		T		É	I
		S				É			T

www.ingramcontent.com/pod-product-compliance
Lightning Source LLC
Chambersburg PA
CBHW081342160726
48000CB00010B/3200
9798563658622